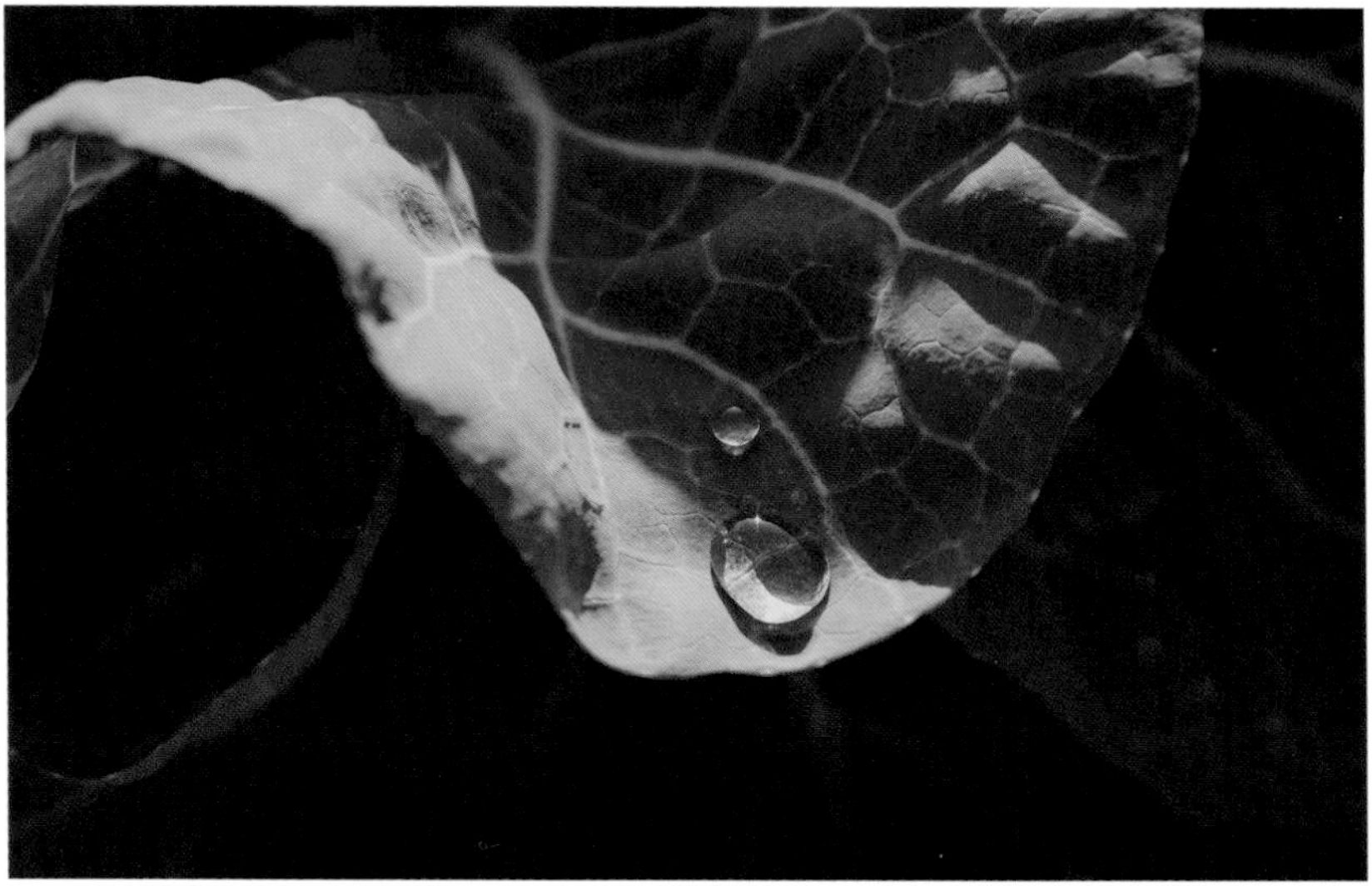

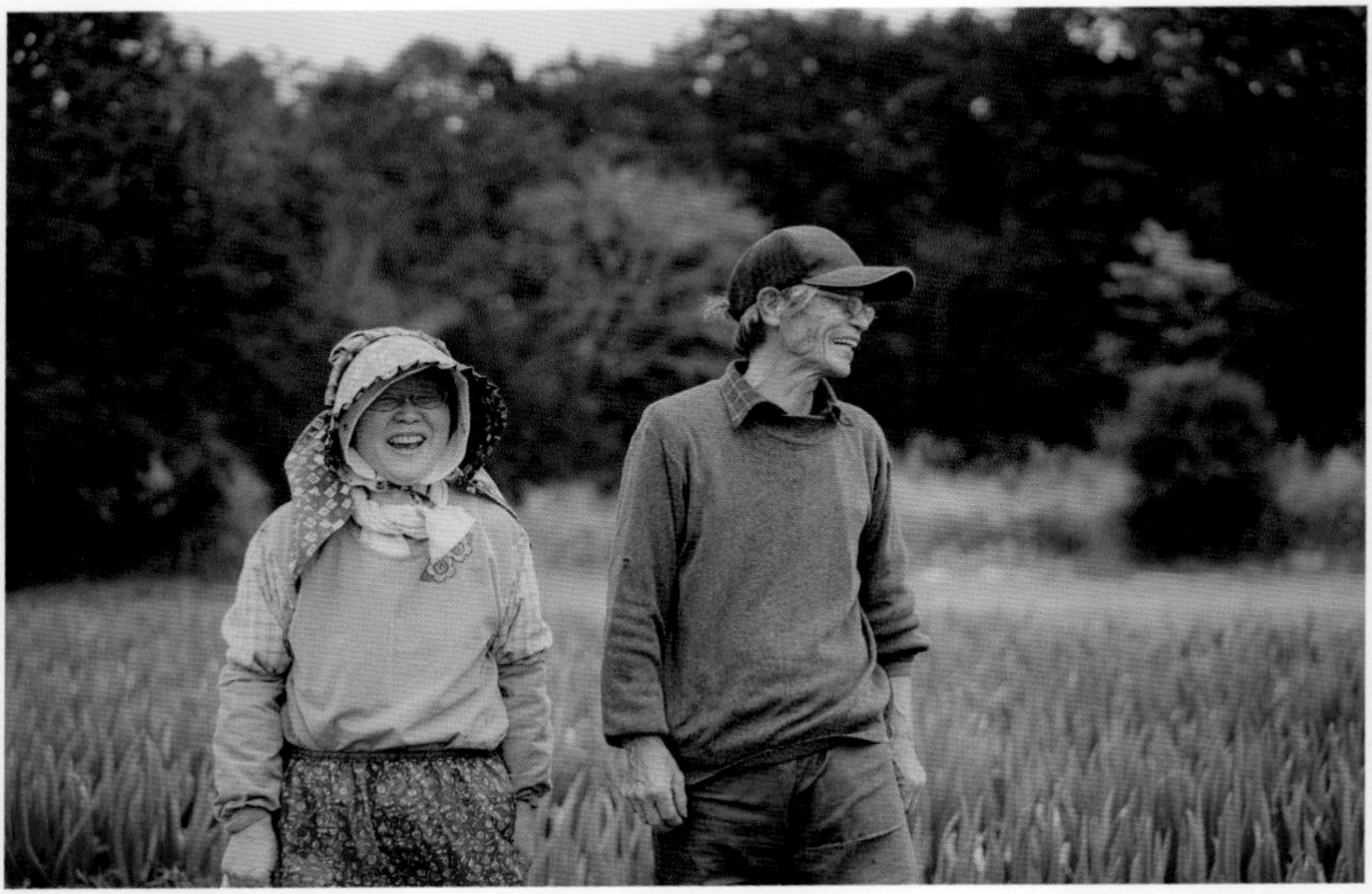

AKISHOBO

種をあやす

在来種野菜と暮らした40年のことば

岩崎政利

はじめに

私たちは、ほんとうに恵まれた食の豊かな時代に生きています。

八百屋やスーパーに行けば、季節を問わず、色とりどりの野菜が整然と並んでいます。真冬でもトマトやキュウリ、スイカやメロンが手に入りますし、遠い異国の地で育ったいろいろな野菜や果物を目にすることもできます。好きなものを好きなときに食べることができる、ほんとうにありがたい時代です。

店頭に並ぶ野菜や果物は、どれも驚くほどに見た目や色がそろっています。そんな売り場では、私が育てている「在来種」と呼ばれる野菜たちは、少し肩身の狭い思いをすることになるかもしれません。一般的な野菜とちがい、色や形、大きさもまちまちだからです。しかし、それが自然な野菜の姿なのではないかとも思います。

私が暮らす長崎県・雲仙《うんぜん》地方にも、じつに多種多様な在来種の野菜が存在していますが、一般のスーパーに並ぶことはほとんどありません。長崎赤かぶ、早生《わせ》長崎はくさい、晩生《おくて》長崎はくさい、黒田五寸人参、長崎たかな、長崎わけぎ、雲仙こぶ高菜、長崎漬瓜、壱岐《いき》にんにく、オランダきぬさや……多くの方には初めて聞く野菜ばかりではないでしょうか。大半の人たちが見たこともなければ、食べたこともない、そんな在来種が日本各地にひっそりと存在しているのです。

その昔、地域のなかで流通されていたものもありますが、多くはじいちゃんやばあちゃんらの手によって細々と自家消費用として栽培されてきました。しかし、時代とともに流通にものらず、しだいにつくり手も歳をとり、種が消えていくこととなりました。

しかし、こうした在来種の野菜たちは、一つひとつが本当に個性豊かで、見た目や色もちがえば、味わいもちがいます。いずれも、何十年、何百年という長い時間をかけて、その土地で大切に守られてきた野菜たちです。

そんな多様性豊かな在来種の野菜たちと出合って40年。雲仙の山肌を切り拓《ひら》いた畑で、年間50種類もの在来種の野菜たちを、農薬や化学肥料を使わない有機農業で育てています。毎年、種から育て、花を咲かせて、また種を採る。そうやってくり返しくり返し、大切に育ててきました。

いま私の畑には、人々が守りつづけてきた種がたくさんあります。農家が先祖代々守ってきた門外不出の種もあれば、山奥でひっそりと生き延びてきた幻の種もあります。遠くからやってきた種は、新しい土地で戸惑いながらもなんとか私の畑に棲《す》み着こうとがんばっています。そうした、じつにさまざまな種が私のところに集まってくるのです。

なかでも、私が現在いちばん関心をもって育てているのは、隣のじいちゃんやばあちゃんたちが、長年、自分で食べるために露地で細々とつくりつづけてきたようなさりげない野菜たちです。誰かが継いで育てていかないとたちどころに途絶えてしまう、そんなはかない種こそ、放ってはおけないのです。

これまで、小さな粒の中に人の想いがいっぱいに詰まった種を集めては、ひたすらに守ってきました。しかし、私ひとりで守れる時間は、長くてもたかだか50年ほどしかありません。何十年、何百年とその土地で守られ、大切に育てられてきた在来種は、もはや単なる種ではないのです。亡くなったじいちゃんやばあちゃん、あるいは父や母、種を継いできたすべての人たちの想いが、そこには込められている。それはすごいことだと思います。

そんな種たちがもつさまざまな物語を通じて、在来種野菜をつくる農家だけでなく食べる人も、先人たちの想いを共有できるのだと思うのです。

しかし、そうした在来種とは異なり、いま一般に流通している種のほとんどは種苗《しゅびょう》会社がつくったものです。農家の手から在来種がどんどん遠ざかり、かつてあった人と種のつながりが、切り離されてしまっているのが現状です。

在来種を育てる農家は年々少なくなり、このままでは昔ながらの種が誰にも知られることなく消えていってしまいます。

では、どうやって多様な種を取り戻していくのか。在来種野菜をどう守っていくのか。そのことをずっと考えながら、数多くの種を継いできました。

40年間野菜と暮らしてきたなかで学んだこと、在来種のどんなところに魅力を感じてきたのか、それらがいかに多様性にあふれた存在であるか、そして、種を守る意味について——この本を通じて、あらためて考えてみたいと思います。

一本のかつお菜からは、手のひら一杯の種が採れます。畑に蒔《ま》けば1反《たん》分にもなります。畑じゅうに広がった種は、いずれ美しい花を咲かせ、種を実らせ、大往生する。そうして採れた種は、ふたたび手のひらにいっぱいになって帰ってくるわけです。

私はこのときにこそ、種と人、その関係性に農業のすばらしさを感じます。まさに農民としての誇りと自立を感じる瞬間でもあります。そう感じたとき、「ああ、もし生まれ変わっても、また農業をやってもいいかな」と思うのです。

種と人のかかわり合い、そして農業という生業《なりわい》について、私が日々感じていることをこの本で伝えられたらと思います。長年野菜と暮らし、種を採りながら、私自身、こんなにもたくさんの学びがあるとは思ってもみませんでした。

いまこの時代に農家がみずからの手で種を守っていくことは、これからの農のあり方、食文化のはじまりにつながるはずです。在来種野菜をきっかけに、全国各地の食文化がもっと豊かになっていってほしいですし、もっと多くの人と一緒に種の未来について考えていきたい、そう願っています。

もくじ

第2章　野菜の一生

第3章　個性豊かな種たち

第4章　野菜と暮らす

第５章　また、種を蒔く

第 1 章

雑木林が教えてくれた

農家になりたくなかった

生まれも育ちも長崎県雲仙市《うんぜんし》にある吾妻町《あづまちょう》です。いまも変わらず、この町に暮らしています。

両親が農業をやっていたものですから、いつかは自分も後を継ぐんだろうなと小さな頃からなんとなく思っていました。高校進学を控えて進路を決める段階で、自分は農家の跡取りなのだとはっきりと自覚しはじめたように思います。

弟と妹がいる三兄弟の長男なのですが、じつは私には５歳で亡くなった兄がいました。私が２歳の頃のことなので兄の顔も覚えていませんし、記憶もほとんどないのですが、墓参りに行くたびに、兄貴がいたんだなと思います。

これまで、いろいろな苦労をしながらもなんとか生きてきましたが、これは生きたかった兄貴の分も合わせてふたり分を生きてるんだなと。そして、こう考えるんです。兄貴が生きていたら、自分はどんなことをしていただろうか。兄がいれば私の人生もきっと変わっていたはずですから。

おそらくは、兄が農家を継いでいたことでしょう。私は次男ですから、弟たちのように東京へ出て働いていたかもしれません。でもひょっとしたら、兄とふたりで農業をやっていたかもしれないなと考えたりもします。

もともと、農業にはまったく関心がありませんでした。だから、いつか後を継がなければならないということに、内心ものすごくプレッシャーを感じていましたし、どうやったら農業をせずに済むかをずっと考えていました。

それはやはり、父と母、周辺の農家の姿を見てきたからに他なりません。農家は重労働ですし、きついうえに生活もそんなによくはない。そういう現実を目の当たりにして、農家にだけはなりたくない、幼い頃からずっとそう思っていました。

たとえば、農家は夜が遅いんです。学校から帰ると、庭先には田んぼから運んだ稲穂が山と積まれている。それを夜のあいだに脱穀するのですが、その量を見ただけで、「わぁ、いまからお父さんたちは夜中までやるんだな」ということがわかる。

そうすると、自分もゆっくりはできません。家に帰った瞬間から、農作業を手伝うしかない。子どもたちは労働力として見られていますから、帰宅するのを待ちかまえたように声をかけられる。それがすごくつらかった。

農家の子どもには勉強をする時間もありませんでした。たとえ試験期間中であろうと、農作業があれば呼ばれます。試験が近いからと机に向かって、さあ勉強しようというときに、父と母から「降りてこい！」と声がかかる。「勉強なんてせんでええ」と言われたときには、どうしようもないな、と思いました。あのときのむなしさを、いまもよく覚えています。こげんしてまでしなきゃいけない農業って何なんだろう、勉強すらさせてもらえないのかと。

ただ、どこの農家でも状況は同じでした。そうまでしないとやっていけない農家の現実が、そもそもの背景にあったんだろうといまでは理解できます。でもやっぱり子どもの身になってみれば、明日から試験なのに勉強もできないというのはつらいものです。ふつうなら、我が子が自分から勉強したいと言えば、親はうれしくてたまらないはずだと思うのですが、そうではなかった。

だから私はずっと農家になるのが嫌だったし、農業はしたくないと思っていました。でも農家の息子として、家を継がなければならない。そのことに対して、ずっと葛藤がありました。そして最終的には、どうしてもという親の願いで、地元の農業高校に通うことになりました。野菜、果樹、草花の専攻のうち、野菜を選びました。

正直なところ、入学してからもあまり勉強する気にはなれませんでした。これでもう農家になるしかないと人生が決まったようなものでしたから。農協や普及所（農業普及指導センター）といった仕事を選べば農業そのものはしないで済むのではないか、そんな逃げ道ばかり考えていたように思います。

しかし、農業高校で目にしたのは最先端の新しい農業でした。それは私が知っている農業とはまるでちがったものでした。

1960年代、長崎県諫早《いさはや》市が全国で有数の温州《うんしゅう》みかんをつくる地帯として、「伊木《いき》力《りき》みかん」というブランドを確立していました。最先端のみかんづくりに取り組む農家の姿は、私からもとても輝いて見えた。すばらしい農業のあり方、そしてそれを実践されている農家の姿に、素直にうらやましいなという思いが湧いてきたのです。

最先端の農業を学ぶ

自分の道として野菜を専攻したのだから、野菜の授業だけはしっかり受けようとしだいに思うようになりました。どうせやるならばいろいろな勉強をして、野菜を深く掘り下げてやろうと。

そんなふうに気持ちが変化していったのは、野菜への想いが人一倍強い恩師と出会えたことが、いちばん大きかったように思います。

山村秀男先生は、私のクラスの担任ではありませんでしたが、野菜専門の先生で、とても温かみがあり、それでいて厳しい方でした。山村先生のおかげで野菜というものを見る目、向き合う気持ちが養われました。もし山村先生の教えを受けていなかったら、いまの自分はなかったかもしれません。

私が先生の授業でいちばん興味を惹かれたのは「施設園芸」でした。

ビニールハウスや温室を使った野菜づくり全般を、施設園芸といいます。それはまさに当時の花形で、ビニールハウスを使って季節外れの野菜を育てる作業は、野菜専攻における基本の授業でした。さらに、工場のような施設でおこなう土を使わない水耕《すいこう》栽培や礫耕《れきこう》栽培といった当時最先端の農業も学ぶことができました。

そうした画期的で科学的な農業技術があることを知って興奮した私は、土を使わずに管理して作物をつくる技術をもっと学びたいと思うようになりました。

野菜の専攻は学年で20人ほど、実習中心の授業でした。いつも農場に集まっては、最初に先生がその日の仕事を生徒に割り振っていきます。しかし、私はなかなか技術的な実作業には携わらせてもらえなくて、指示される大半の作業は雑草取りや野菜の販売など、周辺の雑用ばかり。いま思い返せばどれも農家にとっては外すことのできない大事な経験だとわかりますが、当時は、評価されていないのではないかと自信をなくしかけていました。

3年生になると、それまで学んだことをベースに卒業論文のようなものを書く課題がありました。将来どういう野菜づくりをしたいのかを考え、詳細な作業工程表をつくり、かなりの時間をかけて論文を仕上げました。

具体的には、年間を通して畑にスペースが空くことのないよう、春と秋の年二回、露地野菜の作付けをおこなう計画を組み上げて提出したのです。しばらくすると山村先生から呼び出され、「きみのがいちばんよかった」と褒《ほ》められました。

３年間の農業研修を終えた最後に認められたことは、すごくうれしく、自信が得られました。先生はちゃんと見てくれていたわけです。卒業してからも山村先生をよく訪ねては、いろいろなことを教えてもらいました。

父とはちがう農業をめざして

高校卒業後は施設園芸をおこなっている農家へ研修に出向き、さらに学びを深めました。現場にじかに触れるなかで、自分もこの農業をやるぞ、という気持ちがしだいに強くなっていきました。

研修から戻ると、さっそく実家でビニールハウス栽培に着手しました。当時ビニールハウスは最新技術でしたから、これならば農業に挑戦してもいいと思えたし、まだ誰も取り組んでいなかった施設園芸を地域で最初に導入する――それが19歳の私が描いた夢でした。両親と同じ農業はしたくないという強い気持ちでもって突き進むことができました。

施設園芸のすごさは、温度管理をして育てることで野菜の旬をずらして収穫し、季節外れに出荷できるということです。

当時の農業は、旬の時期に出荷すればするほど値は下がり、「豊作貧乏」といわれるくらい安く買い叩かれていました。でも、旬を外したタイミングで出荷できれば、高値で買い取ってもらえるため、経営を安定させることができます。そういう意味で、施設園芸は農業のあらたな可能性を開いてくれる、憧れの技術だったのです。

しかも、施設園芸は、従来の露地栽培とはまったく異なります。種を植える時期もちがいますし、温度管理という要素も加わります。あらゆる面で異なる新しい栽培技術であり、最先端の農業でもありました。

私の農家人生のはじまりは、こうした技術を駆使した科学的な農業でした。いまでは180度方向性のちがう、自然に近い農業を実践していますが、最初は化学肥料や農薬などを使った慣行農業からスタートし、あるときから自然の力を活かした有機農業へと転換したわけです。まったく異なるふたつの農業を、一度しかない人生で両方試せたことは得がたい経験だと思っています。それぞれのあり方を知ることで、いまの農業にたどり着けたのですから。

まず、３００棟ほどのビニールハウスを建てました。最初の10年間はそこでプリンスメロンやキュウリをつくっていました。

施設園芸をはじめてすぐ、父は農家の経営権をあっさりと私に明け渡して別の職に就きました。父は父で、ずっと石工になりたかったようでした。農場に石を積んだり、畑や屋敷のまわりに石を継ぐのが好きで、その仕事をはじめたのです。自分の夢を叶えたいというのも理由のひとつだったでしょうが、おそらく私の施設園芸は父のめざす農業の方向性と大きくちがっていたはずで、一緒にはやれないと考えたのかもしれません。

農業をはじめたばかりの息子に経営ごとあっさり渡すというのは、めったにないことです。19歳でいきなり経営まで担うのは大変でしたし、不安も大きかった。しかし、最初から全部任されたことで、父と衝突する心配もありませんでしたし、責任感をもって取り組むこともできた。結果、お互いにしたいことができて、よかったんだと思います。

農業をはじめてからの10年は、地域のなかでも施設園芸がどんどん広がっていくタイミングでした。29歳になり、結婚して、子どもが生まれて、借りていた資金もすべて返済でき、万事順調でした。

ところが、ある日突然、体調に異変を感じ、農業を続けることができなくなってしまったのです。

原因不明の体調不良

ある夜、急に具合が悪くなって近くの病院に駆け込みました。先生からは「内臓が弱っている」と言われました。薬を飲むしか治療法はない、と。それから何ヶ月ものあいだ通いましたが、いっこうによくならず、以後病院を転々としました。全身がだるくて畑仕事ができる状態ではなく、結局2年ほどは自宅でほぼ寝たきりの生活が続きました。

ここまで長期の体調不良となると、どんどん気が滅入ってきます。原因は何なのか、そればかり考えるようになりました。いままでのことを振り返っていたところ、ふと農薬のことが頭をよぎりました。農薬を多投してきたことで、自分の身体を壊してしまったのではないか……。思えば、他人より農薬を使ってきた自覚がありました。農薬の怖さをよく知らないまま、有機水銀剤という育苗時に使う農薬を素手で混ぜたりすることもありました。もしかしたら、農薬が原因なのかもしれない。いままで自分がやってきたことを思い返しては、ふとんの中で反省するようになりました。

農協で野菜の部会が発足し、部会長として奮闘していた頃でもありました。病気や虫の発生を抑えるために、新しい薬剤を率先して試したりと、農薬を使うことに自信をもっていたんです。部会のリーダーとしては当然の役目で、農薬に深くのめり込んでいた時期でした。母も「あんたは野菜のお医者さんたい」と、私が農薬に詳しいことを自慢に思ってくれてもいました。

しかし考えてみればみるほど、自分の身体の変化は、多用してきた農薬のせいじゃないかと思うようになっていきました。大学病院の先生に「農薬のせいではないですか」と尋ねると、実際の因果関係まではわからないと言われましたが、私はもう農薬を使いつづけることはできないという気持ちになっていました。

これまでと同じような農業をやっていけば、また同じ目に遭《あ》う可能性があるだろう。もう元には戻れない。ではこれから一体どうしていけばいいのだろうか……。そう葛藤しながら、これからめざすべき新しい農業のあり方を模索しはじめました。

ある日、病院からの帰りに大きな書店に寄って、農薬に頼らない農業についての本はないかと探していたら、『有機農法　自然循環とよみがえる生命』というタイトルに目が留まりました。J・I・ロデイルという著者による外国の書で、日本の有機農法の生みの親である一楽《いちらく》照雄先生が翻訳されていました（農山漁村文化協会刊）。

さっそく購入して持ち帰り、ふとんの中で読みはじめました。次々とページをめくりながら、こういう世界があることを初めて知りました。有機農業であれば、今後も続けていけるんじゃないか。いままでとはちがう農業をやってみよう。そう決断したのもまた、ふとんの中でした。

この本は、私にとって人生の大きな出会いとなりました。あのとき本屋で見つけていなかったら、悩んだ挙句ふたたび農薬を使う慣行農業に戻っていたかもしれません。神があたえてくれた贈り物だったのではないかといまでは思います。

のちに全国の有機農家の方と会って話をしてみると、そうした個人的な体験をきっかけとして有機農業をはじめた方が多いことに気づきました。人はみずからの経験を経て、初めて大きく変わることができる。そのことを私自身、人生をかけて気づかされました。

有機農家への転向

少しずつ体調がよくなってくると、満を持して有機農業に切り替えたのですが、しばらくは悩みが尽きませんでした。もともと農家ですから、栽培方法や技術についての理解は早かったと思います。でも、売り方がさっぱりわからない。農協に出荷すればよかったそれまでとは、まったくちがう流通の問題がたくさんあったのです。

当初は地元の青果市場なら売れるだろうと簡単に考えていましたが、現実は厳しいものでした。有機農家に転向して3年目までは、売り先がまったくありませんでした。

有機野菜でも、市場は買い取ってはくれます。しかし、無農薬だからといって特別な値段をつけてくれるわけではありません。市場であつかう他の野菜と同じように、見た目で価値を判断されてしまう。有機野菜は慣行栽培の野菜に比べて虫食いがあったりと見た目が悪く、形も大きさもふぞろい。しかも旬に出荷するので、いちばん安値の時期に当たって買い叩かれ、二束三文にしかなりません。音が鳴るほどの小銭しか受け取れず、恥ずかしいような状況でした。

せっかく無農薬にこだわってつくった野菜なのに、出荷先がないという現実。農協に出していたときと比べ、生活もどんどん厳しくなりました。

自分たちでなんとかするしかないと、野菜を車に積んで引き売り（移動販売）をすることにしました。団地に行っては拡声器で慣れない宣伝をしたりもしました。無農薬の野菜がほしいと言ってくれる人のところへ直接出向いて売ろうと考えたんです。

前日に収穫した野菜をもっていって朝から売りはじめ、ときにはお昼すぎまでがんばっても、なかなか売り切れることはありませんでした。もってきた野菜の半分以上は、荷台に残ったまま。帰路に青果市場に寄り、捨てる覚悟で卸して帰ったものです。

何のツテもないところからはじめた移動販売でしたが、数少ない熱心な消費者の方たちに支えられ、どこの団地に行けばいいのかを教えてもらいながら、定期的にニュータウンを回りました。思ったようにはなかなか売れませんでしたが、有機野菜のよさを伝えるには消費者のもとへ足を運び、直接売っていくしかありませんでした。少しずつでもその価値を知ってもらうためには、必要な段階でした。

１９８０年代半ば頃からしだいに、出向くたびに買ってくれるお客さんが増えてきたのを実感するようになりました。野菜を買った人が気に入ってくれると、あちこちに紹介してくれて、だんだんと口コミで広まっていったのです。移動販売を定期的におこないながら、会員を募《つの》って宅配もはじめるようになりました。

正直なところ、あの数年はきつかった。当時一緒にやっていた仲間の本多さんも大変だったろうと思います。でも、そうでもしないと売り先がまったくなかったので仕方がありませんでした。

その後、地元の生協が協力してくれるようになり、販売ルートが徐々に広がっていきました。そのなかには、大阪に本部がある無農薬有機野菜流通の大手「ポラン広場」との提携もありました。

そうやってしだいに販路が増えていったわけですが、私のつくった野菜がおいしかったからなのかは正直なところわかりません。それよりも消費者は「無農薬で安心な野菜」であることを理由に、私の野菜を求めてくれていたように思います。

当時、買ってくれていた主な層は主婦の方たちで、子育て世代の20～30代が中心でした。無農薬で安心安全な野菜を子どもに食べさせたいという思いから、私の野菜を買い求めてくれたのです。

40年経ったいまでも買いつづけてくれている方がいます。でも、だんだんとみんな歳をとって、「毎週もらっても食べきれないから隔週にしてください」「月に1回にしてもらえますか」と、子どもたちが巣立つごとに野菜のセット注文が小さくなっていくんです。

はじめの頃は基本的に週1回の配送でした。いま思えば、たくさん食べてくれていたなと思います。現在では隔週か月1回の宅配がほとんどですから。

1970年頃、食の安全が語られはじめた時代に、いろいろな消費者グループが全国各地に生まれました。都会から地方へとその波が広がり、消費者みずから立ち上がって安全な食べ物を求めるようになっていったのです。

こうした全国的な機運は、各地で食品公害の事件が明るみになったことが大きなきっかけでした。『複合汚染』（有吉佐和子・著）が出版され、水俣病を招いた水質汚染や公害の問題、農薬や食品添加物の危険性などが広く知られるようになってきた、まさにそんな時代でした。

食の安全への関心が高まるにつれ、農薬を使わない有機野菜を求める消費者グループから次々と連絡が舞い込むようになりました。つまり、消費者が生産者に直接お願いして有機野菜を育ててもらい、それを消費者が定期的に購入することで農家の生活を支えるという、消費者と有機農家の理想的な関係性が育まれていったのです。この流れをきっかけとして、全国的に有機農業が広がっていきました。

消費者団体がいたからこそ

当時は全国津々浦々、どんな小さな都市にもかならず消費者グループがあって、安全な食料の供給を求めて生産者との関係を構築していました。ですから、私はいい消費者グループと出会うことが、有機農業を続けるうえでいちばん大事なことだと考えていました。

消費者が主体的によい生産者を求めていたあの時代は、いま考えれば農家にとってとてもしあわせなことでした。熱心な消費者がいたからこそ、私たち有機農家はやってこられたのです。

消費者グループに野菜をまとめて送ると、グループのなかで仕分けをして各家庭に配り、お金を集計して、それをまとめて生産者に支払ってくれる仕組みでした。私たち生産者にとっては、まとめて出荷ができるのでとてもありがたく、ほんとうに助けてもらいました。

東京や横浜、大阪といった都市部を中心に、地元の長崎も含めて消費者グループとの提携はしだいに増えていきました。そうやって売り先を確保することで、なんとか経営を安定させることができるようになったのです。

当時は消費者との関係性も密で、月に一度の交流会で直接会って話をしたり、年に1~2回は私の畑に来て実際に現場を見てもらい、信頼関係を築いていくことができました。

もちろん大変なこともありましたが、消費者と直接コミュニケーションを取ることは私にとっても必要なことでした。食べてくれる人がいるかぎり、いい加減な気持ちではつくれません。つくる側もしっかりしないといけないと気が引き締まるわけです。

いま考えると、ほんとうにいい関係性だったと思います。野菜を通じてお互いが相手を信頼する人間関係が保たれていました。消費者運動による支えを得られたおかげで、野菜づくりに没頭することもできました。

そして、私はしだいにこう考えるようになりました。有機農業とは、農法や技術だけを指しているわけではないんじゃないか。つまり、農業を通じて生産者と消費者が互いに信頼し合い、関係性を育んでいく、そのことこそが〝有機的な〟農業なのではないかと思うようになっていったのです。

自分がやってきた農業に向き合う

有機農家になってからは、野菜だけでなく米づくりもはじめました。農薬は使わないと決めていたので、とても大変でした。手作業の除草には限界があるからです。とはいえ、慣行栽培から有機栽培へ転向した最初の数年は、野菜も米もよく育っていました。なんだ、こんなに簡単なのか、と思うほどでした。

いま考えれば、それまで使っていた化学肥料や農薬の残留分が畑に留まっていたのでしょう。ですから、３年間くらいはその恩恵にあずかっていられたんです。実際４年、５年と経ってその効果が消えてしまうと、たちまち虫の発生が起こりました。

周囲の米農家から秋ウンカなどの害虫発生による苦情が届くようになり、無農薬の米づくりをこのまま続ければまわりに迷惑がかかってしまうと判断し、それからはほとんど乾田を使用した自給用に限った米の栽培に切り替えました。

やはり同じ地域にあって自分の田んぼや畑だけを無農薬にするというのは、なかなか理解されづらいという難しい面があります。農薬を使わずに育てるなんて絶対に無理だと、私の両親も考えていましたし、実際に虫が発生して、まわりに迷惑をかけてしまったわけですから反論のしようもありません。

それ以来、付近の畑と同じ作物はつくらず、時期をずらして育てるようになりました。そうすることで害虫の被害を最小限に抑え、まわりに迷惑をかけない道を模索していくしかありませんでした。

でもそれも過去の話で、いまのように見渡すかぎりブロッコリーだけ、ジャガイモだけといったように単一作物ばかりの畑が広がってしまうと、私ひとりの努力ではもう太刀打ちできません。

昔のように畑一枚一枚にちがう作物が植わっていた時代ならば発生する虫もちがえば病気もちがうので、互いの畑におよぶ被害を回避することができたのですが、単一化された畑の近くで無農薬栽培をおこなう難しさをしだいに感じるようになっていきました。そして、害虫が発生してもできるだけ迷惑がかからないよう、隣り合う畑が少ない山の上のほうへと畑そのものを移していったのです。

雑木林が私の師

私は病気になる2～3年ほど前に、父と一緒に山を切り拓《ひら》いて農地をつくりました。いちばん高い場所にある80アール（約8反《たん》）の広い畑で、もともとは雑木林でした。農家にとって雑木林とは、ごはんを炊いたり風呂を焚《た》くため、また冬を越すためにも欠かせない大切な燃料庫です。だから、農家はみな雑木林をもっていました。毎年、時期になると山に入って薪《まき》や炭の原料となる木々を取ってくるのです。

山を拓く何ヶ月もの作業のあいだ、親子3人で毎日山に通いました。石垣づくりが得意な父は、土地を切り拓くたびにまわりに石を積んでいきます。昼になると雑木林の中で弁当を食べて、その場でのんびり昼寝をしたものです。

するとあるとき、土の中から私の身体を突っつくものがありました。モグラでした。「モグラに突っつかれたら大病する」という迷信どおりに、その夜、私は急に体調を崩してしまった。それからは、先に触れたとおり長い療養の日々を送ることになりました。

それまで雑木林そのものに関心をもったことはありませんでした。でも、病気になったことをきっかけに有機農法と出合い、自然を見つめ直し、自然に学ぼうという気持ちになっていた私は、気がつけばモグラに突っつかれたあの雑木林にふたたび足を運んでいました。

自然の雑木たちは枝葉を高く伸ばしながら、互いに共生し合っています。それぞれに自分のエリアを守りながら、バランスよくいろいろな木々と共に生きている。地面にはたくさんの落ち葉をたくわえ、その下にはふかふかの土を形成しています。土の中には小動物や小さな虫たち、微生物などが暮らしています。雨は雑木の葉や幹を伝って地面に至り、生きた土の中へと浸透していきます。

こうして長いあいだくり返し営まれてきた〝いのちのサイクル〟が、まさにいま自分の目の前で呼吸をしていることに気づいたのです。雑木林の中に生きているこの自然の力を活かした農法がきっとあるのではないか。そう考え、自分の畑に雑木林のような生態系をつくり出そうと試みました。

野菜の種を採りはじめて40年が過ぎたいまも、雑木林を師と仰いでみずからの農法にたどり着けたことは、ほんとうによかったと思っていますし、間違いではなかったと思います。あのとき父と母と3人で山を拓いていなければ、そこにあらたな農の世界があるなんて気づくこともなかったはずです。

雑木林から見つけた農法

私は雑木林から、「雑木林の共生」「不耕起《ふこうき》」「微生物」「種」という4つの基盤となる農法を学びました。みずからの畑をつくるために実践したこれらの農法から、大きな知恵を得ることができたのです。

まず、雑木林の木々がいかに共生しているのかをヒントに、異なる種類の野菜たちの共生栽培を試みました。また、雑木林の土がなぜこんなにもふかふかなのかを観察しました。雑木林の土は耕されることはありませんが、積もった落ち葉が微生物によって分解され、ふかふかの土に変わります。こうして養分に富み、病気や害虫の発生しにくい完熟した土が自然のサイクルによって生まれるのです。

そして木や草からこぼれ落ちた種がそこで発芽し、雑木林を再形成していきます。雑木林が奏でるこうした自然のリズムを、自分の畑の中にも取り込んでいこうと考えたわけです。

実際に土を変えていくことで、病気や虫の発生はどんどん減っていきました。いまではほとんど虫が出ることはありません。それはきっと自然に近い畑になっている、ということなのだと思います。

雑木林は私の農法を生み出した原点です。なかなか実際の雑木林と同じようにはいきませんが、自然に学びながら、自然に近づこうと心を寄せてきました。

雑木林に学んだ農のあり方は、私にとって、慣行農法から有機農法へ転換したときより大きなインパクトがありました。畑に有機的な肥料などを極力投入せず、畑の中でしぜんに土壌を循環させ、生産していく自然にならった農法。その扉を開いてくれたのが雑木林の存在だったんです。

土、人、種、微生物など、すべての生き物との調和を畑の中に再現すること。それこ

そが、私の見つけ出した農法でした。

それぞれが農法を極める

長年、全国各地で農を営んでいる方たちと会い、言葉を交わすなかで気づいたことは、「農法」というものは、その人その人が農業を極めていく道をいうのであって、それぞれにちがうものなんだということでした。農の世界にはたくさんの道があって、それぞれの農民が生きる道が、農法そのものなのではないかと私は思っています。

100人いれば100通りの農法があり、ひとつの農法だけがすばらしいわけではありません。農家はそれぞれにみな個性があって、試行錯誤しながらみずからの農法を模索しています。それがどのような農法であるか言語化できなくとも、そこには一人ひとりの哲学的な信念がたしかにある。

だから、何かひとつ、これが正解と決めてはいけないと思うんです。農法とは、その人が人生をかけて農の道を拓いて、みずから得た核心となるものですから、譲れないものがそれぞれにあっていい。

時代が変われば、進むべき道が徐々に変化していく場合もあるでしょう。私自身、限界を感じたり、続けるのは無理かなと思うようなことが何度もありました。

「共生」にしても、「不耕起」にしても、「微生物」にしても、最初は信念をもってはじめるのですが、やっていくなかでだんだんと壁が見えてくる。たとえば、微生物は目に見えない世界ということもあって、ひとりの農民ができることには限界がありました。

そんななか、最後に取り組んだ「種」が、いまも続いているというわけなのです。

農法のなかでも種はとても地味で、当時、誰からも見向きもされていませんでした。だからこそやってみたいと思ったのです。毎年欠かさず採ることで、種は年々よくなっていく。それは自分の目で確かめることもできますし、できあがった野菜の質でちゃんと答えを出してくれる。そうやってコツコツと地道に取り組むことも、自分の性格に合っているように思いました。少しずつ変化しながらも、種をつないでいくことにはけっして終わりがありませんでした。種には限界がないのです。

そしてもうひとつ、種は品種の多様性にもあふれていました。各地域に、それこそ日本全国、いや世界じゅうで固有の、伝統的な種が存在する。在来種と呼ばれる種には、それぞれに魅力が詰まっている。それが今日まで私が長く種採りを続けてこられた大きな理由のひとつだと思います。

第 2 章

野菜の一生

種と生きていく

１９８０年頃、在来種の野菜を育てている農家はほとんどいませんでした。自給用に栽培しているじいちゃん、ばあちゃんはいたかもしれませんが、それも直接目にすることはありませんでした。

野菜農家は、あたり前のように種苗《しゅびょう》会社からＦ１種《エフワンしゅ》と呼ばれる一代限りの種を買っていました。種は農家みずからが採るものではなく買うものになり、「自家採種」という行為そのものが、農の世界から消え去ってしまっていたのです。それならば、自分の一生を通して在来種の野菜を育てていこう、私はそう覚悟を決めました。

当時、種苗交換会などの活動は全国各地に存在していましたが、雲仙《うんぜん》ではほとんどおこなわれていなかったように思います。しかし、少しずつではありますが、種に関心がある消費者が増えてきているのを感じるようになってきました。

初めは神戸の消費者団体だったでしょうか。「種についての話を１時間してくれませんか」と声をかけていただいたのですが、種のことだけでそんなに長い時間、何を話せばいいんだろうと不安に思ったのを覚えています。そのころ種について話せる農民は、他にいなかったのでしょう。だから、自分にこの話が回ってきたことは運命みたいなものだと考え、引き受けることにしたのです。

講演会では、自分なりに一生懸命、種について話をしました。会場にはいろいろな生産者が集まっていて、熱心に耳を傾けてくださいました。終わった後、「こういう野菜を守っています」と話しかけてくださる方もいましたし、種を分けていただいたり、また自分の種と交換したり。私にとってそのイベントは、いままで見たこともない種と出合うきっかけにもなりました。こうした場に農家みずからが出向くことで、種との出合いが生まれるのだということを初めて知りました。

とはいえ、いざ自家採種を復活させようと思っても、そもそも種を採るという行為がはたして可能なのか、法律には触れないだろうかと怖い部分もありました。そのため一度、農林水産省の育種種苗科に行って、農民が自家採種をおこなうことは可能かどうかを尋ねました。そして在来種を中心に法律に触れない種がたくさんあること知り、これで種を採ることができると安心しました。

農の世界から野菜の自家採種という行為が失われてしまった時代に、あえて種を採りはじめることを選択したのは、種の魅力に気づき、種がもつ可能性を知ってしまった自分に課された使命なのだと思いました。

種を採るという営み

最初に種採りをした野菜は、古くから長崎地方に伝わる黒田五寸人参でした。

じつは以前、地元の種苗会社から委託されて黒田五寸人参の採種を3年ほどやったことがありました。ニンジンを育てて花を咲かせ、種を採って種苗会社に納め、それを種として販売するのです。そういう農家のことを「採種農家」といいます。

まず、種苗会社から原資となる種を供給してもらい、その種を蒔《ま》きます。そして野菜が生長したら、種を採るための母本《ぼほん》（親として育てる野菜）となるニンジンを選抜します。土から抜き、姿かたちを見て選び出すこの作業は、種苗会社が私の畑に来ておこなわれました。農家に野菜をつくらせて、母本は種苗会社が選ぶわけです。そして、種苗会社が選んだ母本をあらたに植え直し、そこから種を採っていきます。

毎年、種苗会社の人たちが母本選抜する姿をそばで見ていました。どのくらいの本数を母本にするのか、どういうかたちのニンジンを選ぶのか――その様子がずっと頭に残っていたのです。ですから、ニンジンだったら自分にも種を採ることができるだろうと、黒田五寸人参の自家採種からはじめてみることにしました。

もしあのとき、採種農家を経験していなければ、種採りを自分の手でやろうと決意できたかどうかわかりません。あの種苗会社の母本選抜よりもっと厳しく、これだと思う母本を選べば、もっとすばらしいニンジンができるかもしれない。自分がやれば、もっといいものができるだろうという確信がありました。

やるからには、「日本でいちばんいいニンジンをつくろう」と思っていました。選抜を厳しくすれば、次には絶対にいい種が採れるという確信だけを頼りに、ただひたすら突き進んでいきました。

10アール（約1反《たん》）ほどの広い畑に植えたニンジンの中から母本を選んでいきます。真剣に母本選抜をしていると、どんどん見えてくるのです。姿、かたち、色、これはいいとかこれは悪いとか、きれいだとか醜いだとか……。そうやって、自分の判断で厳しく選抜していくと、たしかに10年目くらいまでは毎年少しずつ見栄えのいいニンジンが採れるようになっていきました。

でも、厳しくやればやるほど、だんだんと毎年、種の採れる量が減ってきてしまったのです。なぜなのか、その理由を考えました。もしかすると、純粋ないいものばかりを選んでいたために、ニンジンそのものの生命力が弱くなってしまったのではないか。

これではいけないと、それからは選ぶ母本の姿に少し幅をもたせるようにしてみました。たとえば、少し太めのニンジンなども取り混ぜて、母本を選ぶことにしたのです。そうした種を蒔くようになると、しだいに元気なニンジンへと戻っていきました。

そこでやっと、ニンジンにはニンジンの世界における多様性があるということに気がついたのです。野菜も、私たち人間と同じ生き物ですから、個の多様性が必要なのだと。

植物の世界も大きく分けて、男（雄）／女（雌）に分類することができます。

同じ品種のなかでも、男性的な大きくしっかりとしたニンジン、女性的なすらっとした美しいニンジンがあるわけです。男性的なものはごつごつとした力強さがある一方で肉質は硬く締まっています。だからといって細くてやわらかくすらりとした女性的なニンジンばかり選抜していくと、いつしかニンジンそのものが弱っていってしまい、いい種が採れなくなる。

かたちが整っていて、すらっとした美しい母本だけを選んでいけば、それに近いニンジンをつくることができます。実際、初めはそうやって選抜をくり返していきました。しかし、人間の社会が、男／女、太った人／やせた人、大きい人／小さい人など、多様な人がいてこそ成り立っているのと同じように、ニンジン特有の多様性があるということに気がついたのです。多様な姿を取り混ぜることで、種の生命力が高まり、いいニンジンが育っていきます。

しかしながら、多様性を尊重するあまり、姿かたちにバラつきが出てしまうと農産物として出荷できなくなってしまうという問題も同時に発生します。そこで、太さはある程度、中間となるサイズをそろえつつも、色やかたちには多様性を残すようにしていく。野菜にはそれぞれがもつ理想的なかたちがあり、葉っぱの大きさや根を見て見極めていきます。もちろん、食感や味わいも加味しながら選んでいくのです。

種も人間と同じ

自家採種をくり返していくなかで、在来種のもつ多様性の豊かさがやっとわかってきました。10年かかってしまいましたが、でも、そうやって時間をかけて失敗しながら、自分で学んでいくしかありませんでした。自家採種を通して、いろいろな問題点に気づきながら種を知っていく。植物の世界を知っていく。ひいては、私たちが生きている人間の社会と植物が生きる世界がじつはとても似ているということを知るわけです。

在来種は、多様性のなかでこそ生きていける――一つひとつがすべて異なる種のちがい、その多様性を認めて丸ごと受け入れられたら、すごく気が楽になりました。

種をすばらしいものにしようなんて思わなくてもいい。あくまでも野菜をひとりの人間のようにとらえれば、同じものはひとつとして存在せず、バラつきがあるほうが自然であって、生命力も強くなる。そんな野菜のもつ多様性を尊重しながらつき合っていけばいい。それが自家採種をはじめて10年を経たなかで得た、いちばん大きな学びでした。

自分で種を採ることによって、見えなかった世界がだんだんと見えるようになってきました。それは発見の連続でした。色、姿かたち、太さや根など、それぞれの野菜がもつ自分自身を表現した姿を守ってあげることが、農家のすべき仕事なのではないかと考えるようになりました。

そのため、私の畑では育種の技術からは大きく外れた、我流ともいえる自家採種をおこなっています。それは、野菜と暮らして、野菜とつき合っていくなかで、野菜にとってベストな状態を見極めていくことからはじまります。

私のような農民にはそのような自家採種の方法が合っていました。育種学といった知識や技術ではなく、野菜そのものから学んでいく姿勢を大事にしたい。それが自家採種を長く続けていくためのなによりの秘訣だと私は思っています。

在来種を守っていくには、まず作物と通じ合える関係を築いていくこと。野菜と対話しながら日々学んでいくことを大切にしたいのです。

毎年毎年、よりよい種を継いでいくためには、日々自分の感性を大事にして、ささいな変化を感じ取れるよう、感覚を研ぎ澄ませていく必要があります。母本選抜は、それこそ一瞬の判断の積み重ねです。瞬間的によりよい判断を下すためには、自分の感性でもって野菜を見ることが大事なのです。

種は心を映す鏡

しかしながら、種を採る〝怖さ〟はいつも隣り合わせにありました。ふとした自分の心の迷いが選んだ野菜にあらわれてしまうからです。ある育種家の方が私の畑に来たとき、私の母本選抜の様子を見ていました。私が抜いた大根をずらりと並べたら、「岩崎さん、いったいどの大根がいいんですか？」と言われて、ハッとしました。自分ではいいものを選んでいたつもりでしたが、いったいどんな大根を残したいと思っているのか、その迷いがすべて大根に出てしまっていたのです。

そのとき、自分の生き方や想いといったもの全部が野菜に出てしまうのだということに気がつきました。種を採るということは、大根一本一本をすべて見て母本を選んでいくということです。一般的な農家では収穫の際、一本一本まで見ていません。畑から引き抜いたら終わりです。種を採るために一本一本くまなく見ていると、どの大根にも個性があることがわかってくる。そのことのすごさに気がついたとき、種採りの素晴らしさを改めて感じました。

一本一本の大根の姿を見ながら、野菜がなろうとするいちばん理想の姿を選んでいく。そうやって細かく見ていくことで、人と作物からつながりが生まれるのだということを、大根に教えられました。

私は母本の数を通常よりもかなり多く、一品種あたり50本以上は採るようにしています。「なぜこんなにもたくさんの母本を採るのですか？」とよく聞かれます。種を採るだけならば、5〜10本くらいでもじゅうぶん足りるわけです。しかし、たくさんの仲間のなかで交雑をくり返せるように、なるべく多く母本を残しておきたい。母本の数を少なくしてしまうと、多様な姿が失われてしまう気がするのです。

そしてもうひとつ、種を切らさないために多めに採種しておきたいという気持ちもあります。最近は、温暖化や異常気象、長雨が続いたりといろいろな不確定要素があります。しかも、多くの品種において採種する時期は、湿度が高く雨も多い6月に集中しており、本来ならばあまり採種には向きません。しかも年々、雨量が多くなってきている。だからこれから先も変わらず毎年、順調に採種できるかといえば、それは誰にもわから

ない状況なのです。

種を採るときは、つねに何年か分を確実に保存しておく必要があります。ギリギリの量しか採れないと、種が絶えてしまうかもしれないという危機感がつきまといます。

たしかに種は保存が利きますから、たくさん採っておくことは可能です。

たとえば、5年に一度種を蒔いて、またなくなれば種を採ればいいという考え方もあるでしょう。寿命が長い種であれば10年ごとでもいいのかもしれません。でも、異常気象や昨今の気候変動を考えると、種は畑の中で育てながら保存していくほうがいいと私は考えています。

畑の中で「保存する」というのは、畑の中で毎年育ててその種を採っていくということです。これだけ温暖化が進み異常気象が続いているなかでは、気候変動に対して種が適応できるように、畑の中で育てながら、毎年栽培して種を採っていくことが必要不可欠なのです。

毎年種を育てることで、種に〝体験〟をさせておくわけです。5年前に採った種を蒔いたとして、いまの気候にかならずしも合うかどうかはわかりません。

貯蔵技術の進歩で、50年間は種を保存できる時代になりました。しかし、たとえば10

年間冷蔵庫で眠っていた種が突然土の中に蒔かれたら、いったいどういうふうに育つでしょうか。

もし私がその種だったら、やはり戸惑うはずです。様変わりした世界に適応するのには時間がかかる。ですから、種を大切に思うあまり、保存することを優先してしまうと、本来の在来種の良さが活かされないこともあるでしょう。

じつはときどき、長いあいだ眠らせていた種を蒔くことがあります。そのまま置いておくと発芽しなくなる可能性があるからです。10年前には必要なかった種でも、10年も経つと時代も変わり自分の考えも変わって、収穫のとき、ああ、蒔いてよかったなと思うことがあります。

たとえば、実際に料理人の方に調理していただいて「おいしい」と再評価されたこの冬のかき菜《な》は、これから復活していくことになりそうです。ただ10年前に採った種ですから、なんとか発芽してくれたものの、少し弱々しく感じます。眠っていた時間が長ければ長いほど種の力は弱まってしまうので（品種にもよりますが）、発芽率も通常の半分ほどです。

青首大根も10年ぶりに種を蒔いてみると、こんなにすてきな大根だったのかと見直すほど生育しました。植物というのは、どんなときでも、やはり生きていたいと思うのですね。一生懸命に生きようと、いい姿を表現しようとするのです。そんな健気《けなげ》な姿を見ると、なるべく蒔いていかないといけないな、と反省させられます。

種も生きています。人間と同じです。だから、いまを生きる自分と同じように野菜を見ていくことが必要なのです。それがいちばんシンプルでわかりやすいのではないかと思います。野菜も種も生きている。そういう目線で見ていくと、何が大事なのかがおのずとわかりますし、間違いも少ない気がするのです。

目的が「種を保存すること」だけなら、種を守って大切に保管しておけばいいでしょう。もし次の年、種が採れなくなってしまっても、3年前、5年前に採った種からまた育てることができます。そういう意味では、種の保存はとても大切なことです。けれど、単に保存するだけでは種にとって良くないのではないかと思うのです。

基本的には、畑の中で種を保存していくこと。畑の中で毎年育てて、花を咲かせて種を採る。そうすることで、作物がその土地の風土や気候により早くなじんでいくはずです。

これまで、採種がうまくいかなかった野菜もありましたし、気候の変化についていけず種を絶やしてしまったこともあります。今後はますます、そうやって種が消えてしまうことが現実に起きていくのではないかと思います。近年の気候変動はそれくらい大きなものなのです。

昔、夏は暑くて日照りが続き、雨が少ない気候だったのが、ここ最近は、真夏でも驚くほどの豪雨が続いたりする。そうした気候の変化に耐えきれない種もきっと出てくるでしょう。そうやってまた一つ、種が絶えていく可能性が現実にあるのです。

種は永遠ではないのだということを覚悟しながら、毎年、変わらず、畑に種を蒔いていくしかないのです。

在来種とＦ１種

じつは、自家採種をはじめてから3年ほどは、自分で採った種を蒔くことが怖くて仕方がありませんでした。きちんと発芽するだろうか、ちゃんと育つだろうかと心配だったのです。

それまではずっと種苗会社から市販の在来の種を買って、野菜づくりをしてきましたから、自分が採った種がほんとうにうまく育つのか、不安のほうが大きかった。

そこで、市販の種の隣に自分で採った種を一列だけ蒔いてみることにしました。市販の種と同じように育つかどうか、様子を見てみようと思ったのです。

自家採種したニンジンと、市販の種のニンジンとの育ち具合を1年間比較すると、自分で採った種でもちゃんと育つということがわかり、少し自信を取り戻しました。2年目には自分の種と市販の種を半々くらいにして試し、すべて自分の種にして蒔けるようになったのは4年目になってからでした。それだけ自分の採った種には自信がありませんでした。

まだ当時は、種苗会社の販売カタログに多くの在来種が載っていました。しかし、いまではほとんどのカタログから姿が消えてしまい、一部の種苗会社でしか入手できないのが実状です。そうなってしまったのは、やはり在来の種は売ってもお金にならないからだと思います。種苗会社はどんどんハイテク化を推し進め、高価格で売れるF1種の開発に力を入れていったんだと思います。

たとえば、1リッターあたり1000円の在来種と、1万5000円のF1種。農家にとって、仕入れ値の安い在来種のほうが儲けが多いように見えるかもしれませんが、けっしてそうではありません。Ｆ１種を使ったほうが見た目もそろいますし、収穫量も多い。つまり、経済的なメリットを生むから値段が高いのです。

次々に新しい種が世に出れば、農家もそれに合わせて次々に種を替えていく、それがあたり前の時代です。今日の品種改良のテンポはめまぐるしいものがあります。

たとえば、もっとも画期的なＦ１種は、これまで野菜が育たなかった端境期《はざかいき》を狙った品種です。農家にとっては、採れる野菜が少ない端境期に出荷できれば、ほとんど一年中、栽培できることになります。薹《とう》立ちが遅いものや花芽がつきにくい種の出現によって、野菜の生産範囲がぐんと広がるわけです。

それは、消費者にとってもすばらしい恩恵です。どんな野菜でも、季節外れも含めて一年中買うことができるようになるからです。

端境期に野菜がつくれるようになれば、農家は非常に高値で売ることができます。いままで出荷できなかった時期に生産できる品種を農家は心待ちにしていました。つまり、生産者も消費者も種苗会社も、誰もが待望する新しい種の登場は、現代の農の現場において欠かせないものでもあったわけです。

今後もこうした動きがどんどん続いていけば、在来種をもう誰もつくらなくなってしまうかもしれません。それがいま、私が切実に感じている危機なのです。こうした現状では、ますます在来種の立場は弱いものになっていくことでしょう。

端境期を乗り越える

野菜というものは、あるときは大量にあって、ないときはまったくない。「あるか」「ないか」のふたつしかなくて、これがとても難しいところなんです。旬というものがあるので本来はあたり前のことなのですが、市場での需要や流通における効率などを考えると、簡単には解決しない悩ましい問題でもあります。

たとえば、決まった量の野菜を定期的にセット販売する宅配サービスなどは、じつはこうした畑の生産バランスと非常に矛盾するシステムです。年間を通して、同じ量を一定してつくることはとても難しい。それを実現しようと思うと、たくさんあるときには捨てるか、そのまま たくさん発送するか、あるいは端境期で野菜がないときには少ない量のままで発送するしかありません。宅配の場合は一定供給が求められますから、定期的にセットを販売する場合は無駄が多く発生してしまうのです。

農業というのは、昔からつくるときはつくって、収穫したらどんどん市場に出して、それがなくなればまたつくって、そしてまたできたものを市場に出すというパターンをくり返してきました。

しかし、昨今の市場は定期的な継続出荷を望んでいます。そこで私の畑では一年を通してまんべんなく出荷できるように、収穫時期をずらしながら50種類もの在来種野菜を育てています。継続して出荷できるよう、つねに何らかの収穫があるようにするためには、相当工夫をしないとうまくいきません。

年間を通して野菜を切らさないようにするのはそれほどに大変なことで、自然のサイクルから考えるとありえないといってもいいくらいです。

どうしても発生してしまう野菜の端境期（春先でいえば3月から4月）は、露地栽培ではいちばん野菜の収穫が少ない時期になります。ですから、いかにして春のこの端境期に野菜を出荷するか、ということを農家は考えるわけです。

しかも、在来種は一般の野菜より、端境期がすぐに来てしまうのが特徴です。薹立ちが早い種も多いですし、旬の短い野菜も多い。昔ながらの在来種だけで農業をしようとすると端境期が長くなってしまうので、一般的には薹立ちしにくい晩抽系《ばんちゅうけい》や花の出にくい野菜など、品種改良された在来の種を使って空白となる時期を埋めていくしか方法がありません。そうやって育種をくり返しながら、需要に見合った種を開発してきた歴史があるのです。

在来種というのは、春先になるといっせいに花が咲いて花芽が出てしまい、あっという間に収穫時期を終えてしまいます。ですから、私も品種改良された種のすばらしさに感動することもあります。

これから在来種を育てようという農家であれば、晩抽系の品種なども育てたりしながら、野菜の端境期を極力なくしていくといいでしょう。そうしないと、何も採れない空っぽな時期がどんどん増えてしまいますから。

在来種のもろさとF1種の手堅さ。どちらかひとつだけではなく、どちらもあるから、食の豊かさが確保できるのではないかと思っています。

在来種だけでは農全体という生産活動を支えることはできません。「育種」とは、人類が生きていくために日進月歩で進化してきた必要不可欠な技術でもあるのです。しかし、ハイテクな品種改良が進めば進むほど、逆に在来種のもつすばらしさも伝えていかねばと強く感じます。ハイテク種の出現、広がりによって、在来種が失われてほしくはないからです。たとえ、Ｆ１種が９割を占めることになったとしても、在来種は１割か、せめて０・５割でも残していきたい。そう思っています。

野菜の花は美しい

野菜の花についても語らないわけにはいきません。

私は、野菜農家として、とても大切なことにずっと気づけていませんでした。野菜の花の美しさを知るまでに、とても時間がかかってしまったのです。

いままで、野菜がいちばん美しい時期は、収穫直前の青々としているときだと思っていました。しかしあるときから、野菜たちが次世代の種を残していくため精一杯に着飾って咲く花の瞬間こそ、いちばん美しいときだと思うようになりました。

春になると、種採り用の野菜の花が次々と咲きはじめます。20種類もの野菜の花々と対面する瞬間です。

平家かぶ菜《な》の花は大きく生育し、本当に誇らしげに黄色い花をいっぱいに咲かせます。黒田五寸人参は、これがあのニンジンかと思うような、たくさんの美しい白い花を咲かせます。幻ともいわれる熊本の五木《いつき》赤大根は、白い色に少し赤味が入った上品な花をつけ、生命力たくましい平家大根は辛味がとても強く、荒々しい花を咲かせます。個性的な花を見せてくれるのが、カリフラワーの一種、ロマネスクです。遠くオーストラリアからやってきたアブラナ科の野菜ですが、私の目に留まった数十本は、「俺がほんとうのロマネスクだ」と言わんばかりに次々と花をつけ、なんとも表現しがたいほどに個性のある姿を見せてくれます。ロマネスクのすぐ隣には、キムチ用の韓国の白菜の花が咲いています。黄色く少し大きめの花弁が特徴的です。ターサイの花はアブラナ科の仲間のなかでもとくに黄色くて、とても美しいものです。九条太ネギは宇宙人の頭のような丸いボウズがスーッと高く伸びて、そこに白くて丸い花を咲かせます。昔ながらの在来種の野菜の花ほど、とくに美しいと感じます。

在来種の野菜は、毎年かならず花が咲きます。それは長年変わることなく、あたり前に見てきた風景でした。しかし、ある日、春の陽気のなかで目にしたその瞬間、野菜の花にとても深い感銘を受けたのです。

それは大根の花でした。農繁期の忙しいときでしたが、少しだけ農作業の手を止めて畑に座り、目の前に咲く野菜の花を見つめました。十何年ものあいだ見てきた花でしたけれども、そのとき、なぜかすごく心がときめいたのです。私自身も突然のことで驚きました。

野菜の花ってほんとうに美しいな、そう思った瞬間でした。

まるで畑に咲いている花に神が舞い降りたような、その瞬間だけは野菜の花に対して頭が下がるような――そんな神秘性さえ感じたのです。

単なるひとつの花だけれど、野菜の一生のなかで懸命に花を咲かせる瞬間はかけがえのないものです。花の匂いに引き寄せられ、ミツバチやチョウなどの小さな虫たちが集まってきます。満開のときには、次世代の種を残すために、虫たちがいっせいにやってきては交配します。そうやって、風や虫たちと一緒になって次世代の種をつくっていく。そんな瞬間に立ち会ったとき、初めて野菜に近づいたなと思ったのです。

野菜の花は、かつて慣行栽培をしていたときの私の農法には存在しないものでした。一代限りのＦ１種を育てていれば野菜の花を見る機会はありませんし、農の現場から花を咲かせるという技術そのものが消え去ってもいました。野菜の花を咲かせていくことは、その土地の記憶を宿した種を残していくために必要不可欠な、もっとも大事な儀式でもあるのです。

花を中心とした多様性

時代を経て農法がさまざまに進化していくなかで、野菜の生産には直接関係がない花は見向きもされなくなっていきました。私自身も長らく、その大切さになかなか気づけませんでした。

しかし、在来種野菜たちをあるがままに淡々と守り伝えていくためには、花を咲かせて、花と語る必要があります。花を見て、これが野菜のもっとも美しい瞬間だと感じる心こそ、農民にとって大切なもののように感じます。

私は、農業の中でいちばん大切なことを、みずから育てる野菜の花から教えてもらいました。そこからさらに自分が進むべき農の道が開かれていったように思うのです。

人間が花の美しさに心惹かれるように、昆虫類などの自然界の生き物もしぜんと花に集まってきます。真っ白いニンジンの花が咲く時期には、畑じゅうに甘酸っぱい匂いが広がります。昆虫をはじめとする多様な生き物が、そのとき花を中心とした空間で〝生〟を営むのです。自然界の生き物たちが花を求めて大勢集まり、花を中心に活動する。単なる野菜の花が咲いているということ以上に、ここにこそ、すばらしい生物の多様性が存在していたのです。

そうすると今度は野菜の花だけでなく、雑木の花や雑草の花など、いろいろな花の姿がしだいに見えてきました。天敵も含め、それぞれの花にさまざまな昆虫たちが集まります。

自然界における多様性とは、もしかすると花を中心に育まれているのではないか、そうも思うようになりました。生物の中における花の役割を知ることで、この世の生命の豊かさをさらに知ることになったのです。そこから雑木の大切さ、雑草の大切さなど、畑の周辺にある大小さまざまな自然にも多様性を感じるようになりました。

しかし、それらは今日の農業では不要とされ見捨てられているものばかりです。だからこそ、これから農業をやってみたいという方がたには、種だけでなく、草木や花にも目を向け、畑の中や周辺すべてに息づく生き物と共存していくことの大切さを感じてほしいと思います。そうすれば、種を守る意味もさらに良い方向に大きく変わっていくのではないでしょうか。

野菜の花を見て「美しい」と感じるとき、それは自分の野菜だからというよりも、野菜に対して尊敬する気持ちが生まれて、しぜんと湧き起こる感情のような気がします。

それは、野菜が植物として最初で最後のもっとも輝く美しさを懸命に表現するときです。みずからの種を残すために虫をたくさん惹きつけようと花を咲かせる姿、また種をつなげるためにそれぞれ異なる美しさで咲きほこる姿を見せてくれるのです。

これはまぎれもなく、在来種だけがもつ美しさであり、すごさだと思います。

しかもその美しさを知るのは、私たち種を採る農家だけなのです。

野菜は人が食べる目的で育てる植物ですから、花をつける前に収穫される場合がほとんどです。しかし、野菜にとっては次の世代を宿すために大切な、一生懸命おめかしして美しい花を咲かせる瞬間がある。このとき、人と作物の立場が逆転して、花によって人が大きく心を動かされるのです。それを知ったとき、もっとも伝えるべき農の姿はこれだ、と私は感じました。

花を見て、野菜と語り合う。

人と野菜が近づいて親しくなれる瞬間を大切にしたいですし、野菜の花に感動し、ときめき、美しいと思う――そんなふうに感じられる農民でありたいと思うのです。

野菜の大往生

種をつないでいくということは、野菜の一生とともに生きることでもあります。

たとえば野菜の収穫をするとき、好きなかたちや、その作物がもっとも理想とする姿を感じながら一本一本選んでいく。つまり収穫をしながら、同時に種を採るための母本も選んでいくわけです。

ひとつの行為が、次の種につながり、そしてまた種になっていく。一度つながった種に対しては翌年、その答えが出てきます。その種が良い方向に向かっているのか、あるいは間違っているのかがひと目で見てわかる。

そうやって毎年毎年、作物が微妙に変化するのを目の当たりにしながら、種について学んでいきます。太さや色などの見た目に加えて、もちろんおいしさもそこに含まれます。植物がもつ本来の姿に近づけるよう、次の代の姿を想像しながら選んでいくのです。40年ものあいだつき合ってきた黒田五寸人参の最期もまた心動かされる瞬間です。

花を咲かせた後、種が詰まったさやがだんだんとふくらんで黄色くなっていきます。その種のずっしりとした重みを土の中から支えているニンジンは、枯れる寸前になると、それまでとはちがったとても醜い姿に変わっていきます。

もう地下根はまったく残っておらず、少しの風でも倒れそうになりながら、それでもしぶとく耐え、自分の大切な種を守っているのです。そんな状態で種を支えられることにも驚きますが、さやを支える茎は折れることなくそのまま枯れていき、最期の時を迎えます。

そんな野菜の姿を見ていると、花の美しさとはまたちがう、枯れ果ててゆくなかにある静かで強い美しさを感じます。この美しさを一体どう表現すればいいのか、私は適切な言葉をまだもっていませんが、どちらの姿もひとしく美しいと思います。

みすぼらしい姿になっても、みずから次の世代の種を守ろうとする姿――自分の魂をすべて子孫に託して最後の力をふりしぼり、私に向かって「ここまで育ててくれてありがとう、あとは頼みます」と言っているように感じられます。

まさに、野菜の大往生です。そして種になってふたたび戻ってくる。

そんな野菜の一生に立ち会える喜びは、他の農家では味わえません。枯れ果てた姿、種に自分のすべてを捧げる大往生の瞬間、倒れる間際まで支えているはかなくも凛々《りり》しい姿に、種がつながっていくいのちのリレーを感じて、心がふるえるのです。

種を採ることはひとつの手段

「種採り農家」と呼ばれることも多いのですが、自分では「在来種野菜の生産農家」という表現のほうがしっくりきます。

私は、たまたま野菜が好きで、同じ野菜を同じ畑でつくりつづけている農民なだけです。その生業《なりわい》を支えるひとつの行為として、種を採って翌年へ、そのまた先へとつないでいるにすぎません。

また、「種採り」という言葉には育種や採種という意味が含まれるように思います。

私はけっして育種家でも採種家でもなく、在来種野菜を育てるために種を採っているだけです。目的は野菜を通して種をつないでいくこと。風土や畑に適した在来種野菜を育てていく。そのためのひとつの手段が種を採ることなのです。

40年間、毎年変わらず種を採ってきましたが、それは農家による隠された技術であって、たとえるならシェフにとっての〝隠し味〟のように、あまり表に出すものではないような気がしています。まさに我流というか、野菜とつき合っていくなかで感じるままに、種によってはやり方を変えながら、くり返し母本を選抜してきました。種苗会社がやっている育種的、採種的なものではなく、みずから感じておこなってきた自己流の種採りです。

厳密な意味での「種採り」には、植物間の交雑を避けるためにビニールハウスで全部覆い、勝手に虫が交雑をしないよう網を張ったりする必要があり、それは私にはなかなかできない大変な方法です。

そういった種採りを何十年と続けていくのはとても難しいように思います。結果的に、種採りじたいがだんだんと億劫《おっくう》になってしまい続きません。やっぱり農民として種と長くつき合っていくためにも、何十年と途切れることなく続けていけるやり方じゃないとダメなのです。

だから私は育種家ではありませんし、本来の意味での採種農家ではありません。そういう思いが背景にあるから、自分のことを「種採り農家」とは思っていないのです。育種は種を改良するのが商売ですし、種採り農家は種を採ることが目的です。私の場合は、種を採るという行為を通して、植物や野菜からいろいろなことを学びながら、感じながら、姿やかたちをあまり変えることなく、その種が次の世代も、また次の世代もつながっていくように守っていくことを目的としています。

農家として人と作物の関係をうまく表せる言葉がなかなか見つからないのですが、自分としては野菜と一緒になって、作物から感じることを汲《く》み取って、それを農民として畑の中に表現していく、生かしていく。答えは野菜そのものにあるんだと思います。

野菜たちに聞いて、野菜たちを通して種採りを学んでいく。放っておけば消えていってしまうような種をどうしたら守っていけるかをいつも考えながら、一農民として昔ながらの方法でなんとかつないで、生かしていくことが私にあたえられた役目だと思っています。

昔、育てていた種を失くしてしまったことがあり、いまでも後悔しています。「あの野菜、おいしかったね」となつかしんでも、いったん種がこの世から消えてしまったら、ふたたびつくることも食べることもできません。一度絶えてしまったら、もうよみがえることはないのです。

自分がいなければ、ひょっとしたらこの種は消えていってしまうかもしれない――そういう種にこれからも出合いたいと思いますし、それによってさらにいろいろなことを学んでいけるのではないかと期待しています。

この先もできるだけ長く農業を続けていきたいと思っていますが、残された人生で、自分がそのために注げる時間をどう配分していくかということを最近よく考えます。

何十年、何百年と昔の姿のままを生き抜いてきた在来種を今後も守っていきたいですし、消えゆく種をできるだけ救いたい。ただその気持ちだけが私の背中を前へと押してくれています。

自然界という広い視野で見たとき、在来種の野菜がひとつこの世から消えてしまったとしても、大きな損失ではないのかもしれません。しかし一農民としては、ひとつの種がなくなってしまうことは取り返しのつかない怖さです。だから、あとで振り返ってもったいなさに悔やむことのないようにしたいと心の底から思うのです。

手もとにある 50種類の種たち

これまで私を通りすぎていった種の種類はいったいどれくらいのものなのか、まったく見当もつきません。日本で手に入る大根の種を全部かき集めたこともありましたし、カブにしても青菜にしても手に入れられるものはすべて栽培して確認してきました。種苗会社が販売している在来の種を買っては育て、収穫して食べ、そうやって自分の目で、舌で、一つひとつ確認してきたのです。

姿や花やいろいろなものを見ながら、フィーリングというか経験から感じる部分で気に入ったもの、自分に合うものを選んで残してきました。そうした積み重ねが、種を学ぶ意味ではすごく勉強になりました。

長い年月を通じて選別しつづけてきた結果、私の畑では現在、50種類ほどの在来種を育てています。自分でもよく40年ものあいだ、これだけの種を守ってきたなとつくづく思います。やっぱり守りたいというエネルギーがあったからこそ、守ってこられたのでしょう。

私にとってそのエネルギーとは、作物から学び、作物から受け取った恩返しみたいなものです。人間が思っている以上に野菜たちは、犬や猫のように世話してくれている人に対して何かしら感じているのかもしれない、私にはそう思えます。みずからがよりよい姿に変わっていくため、農家の思いに応えようと野菜もがんばるんだと思うのです。

そして、おいしい野菜ができたとき、その野菜を食べた人が感動してくれることも、種を守っていく私のエネルギーになりました。

しかし、50種類以上の種ともなるとひとりで育てることはなかなか難しい。育てたいという気持ちはありつつも、無限に増やすことはできませんから、自分でしっかり守れる範囲を絞ってきたわけです。種採り農家ではなく、私はあくまでも在来種の野菜をつくる農家ですから、種をただむやみに増やしていくだけでは意味がないと思っています。

種を採るという行為が農家から一度は消えてしまったところを、自分の手でなんとか細々とつないできました。個人で在来種野菜を育てている人は全国にいるかと思いますが、農業という生業として多品種の育成を成り立たせている農家は、今日では少ないかもしれません。あるいは私の父くらいの世代でほとんど終わってしまったのではないでしょうか。

在来種がこれからも生き残っていくためには、いったい何が必要か。ひと言でいってしまえば、それは人々と作物——育てる人・食べる人と在来種野菜——の幸せな関係性があってこそ、成り立つものだと思います。人々と作物のあいだで交わされる双方向のやりとりが結果的に在来種のおいしさを育み、その魅力がより多くの人々に伝わっていくのだと。そこからやがて食の多様性、種の多様性が拓けていくのではないでしょうか。私自身はそこに期待しています。

種がみごとに花開くように、在来種の未来をいろいろな人と一緒に見てみたい。いまではそんなふうに想像しながら、毎年の種採りを楽しみにしています。

第3章

個性豊かな種たち

おいしさが大切

土地の風土になじんで育った在来種の野菜は一株ごとに個性豊かな姿をしています。個体ごとに姿かたちが少しずつ異なりますが、それこそが在来種のもつ個性なんだと私は思っています。そんな野菜たちを自然界に生きる「植物」として考えてみれば、一つとして同じものがないということはむしろあたり前で、とても素敵なことに思えます。多様性の豊かさは、見た目だけではありません。たとえば大根ひとつとっても、在来種にはたくさんの品種が存在し、味もそれぞれ異なります。そうした品種の多様さ、味わいの多様さも在来種の大きな魅力です。

そのことに気づくまでは、いかにして安全な野菜をつくるかということにこだわっていました。しかし、あるときから在来種のもつおいしさに心惹かれるようになりました。そのきっかけは、ある方の言葉でした。

スローフード協会主催のイベントに招かれてイタリアへ行ったときのこと。カルロ・

ペトローニ会長が「農産物はどんなに安全なものであっても、おいしくなければ意味がない」とスピーチで力説されました。それはスローフードの理念でもあり私も大いに共感しました。と同時に、「やっぱりおいしくなければ意味がないのだ」と、それまで悩んでいた自分の農法に対しての考え方が大きく変わった瞬間でもありました。

それからは、食べる人に「おいしい」と言ってもらえる作物をつくるのが農民のひとつの使命であり、そこに安全も加われればいい、そう思うようになりました。そして野菜のおいしさを表現しようとするとき、真っ先に在来種が頭に浮かびました。

それまで、野菜のおいしさというものは、品種そのものではなく栽培方法によってつくり出せるものだと思っていました。有機的な肥料を使ったり、ミネラルをあたえたり、そうした技術によって、おいしさのひとつの目安となる糖度を上げたりもできるからです。つまり、私を含めて多くの農家たちは技術や栽培方法を研究し工夫しながら、おいしさを求めてきたわけです。

しかしほんとうは、昔から長くその土地で食されてきた在来種という品種じたいにおいしさがあるのではないか。年配の方から「昔の野菜はおいしかった」という言葉を聞くことがありますが、それは消えてしまった在来種に宿っていたおいしさを言っているのではないか、そう思うようになりました。

栽培方法によって生み出せる味ではなく、在来種という品種そのものがもっている味こそが、本来の野菜のおいしさなのでしょう。

私が子どもの頃よく食べていた野菜にマクワウリがありましたが、畑の近くを通るだけでそこらじゅうに甘い香りが漂い、その匂いをかいでいるだけでおいしさがじゅうぶん感じられるほどでした。地元ではオテウリと呼ばれていましたが、より収量のいいニューメロンという品種に取って代わられ、いつしかオテウリは消えていってしまいました。

しかし、あの味がどうしても忘れられなくて、いまだにオテウリの種を探しています。子どもの時分に感じた強烈なおいしさというのはいつまでも忘れられないものなのですね。いまは東京の農家の方からいただいた落瓜《おちうり》があのオテウリの香りに近いように感じられて、それを育てています。

じいちゃん、ばあちゃんが庭先で人知れず種を採って長いあいだ育ててきたのには理由があって、在来種はおいしいから残ってきたのにちがいありません。

おいしい野菜をつくろう。それには在来種しかない。

そのときから、有機農業という言葉は自分のなかからほとんど消え去り、種の多様性がもつすばらしさを、もっと掘り下げていこうと決めました。

招待されたイベントで私は、種がもつ力、種の多様性など、自分が感じていた種のすばらしさについてスピーチをしました。話を終えると、世界じゅうの生産者の方々が私のもとへ駆け寄ってきてくれました。種の話は国に関係なく、人々に共感と感銘をあたえるものなのだと、とても驚いたのを覚えています。

種がもつ物語

何百年と同じ姿で受け継がれてきた在来種のすばらしさは、いつかもっと多くの人々に認められるときが来るはずだと思っています。そして、食文化として在来種の野菜を考えたとき、人間にとって大切な、未来に残していくべきものだと感じてくれる潜在的な消費者は大勢いるだろうとも思うのです。

在来種のもつすばらしさは、おいしさだけではありません。人を感動させる力も他の野菜にはない在来種ならではの特徴だと思います。

私が京都で講演会を開いたとき、京都の伝統種を守っている農家の方に出ていただいて、貴重な種について話してもらいました。代々伝わる門外不出の種を分けてもらえないだろうかという期待も少なからずあったのですが、その農家さんの話を聞いているうちに、そんなことも忘れて、種のもつ力、偉大さにひたすら感動していました。農家さん自身も、話の途中でこみ上げてくるものがあったのか声をつまらせています。そのとき、種に対する人の思いを強く感じて、種ってすばらしいなとあらためて思ったものでした。

人が代々守ってきた種。祖父母や両親によって守り継がれてきた種。そういう種は基本的には門外不出で、よそには絶対に出しません。歴史と想いの詰まった種について人が語るときは、だから胸がいっぱいになってしまう。そんなふうに人の心を動かす力をもっているのが種なのです。

いままで、そんな種と出合ったことがあるだろうかと我が身を振り返りました。そうやって人の心を動かすような、想いがこもった種を私も育てていきたい。そんな種を畑に蒔《ま》きたい。そう思うようになりました。

経済面だけを考えれば、在来種に生き残れる道があるかどうか、それはわかりません。現実は楽ではないと言わざるを得ないでしょう。

種の世界では、ハイテクな種がどんどん開発されています。高度な技術でつくり上げられた種を一度手にしてしまったら、おそらく多くの農家がなかなか手離せないであろうことは容易に想像がつきます。

そういう時代ですから、時間も手間もかかる在来種が生きていく道はもうないのかもしれない。そう悲観的に思うときもあります。しかし、種が人の心を動かす場面に立ち会うたびに、在来種が残っていく道はまだあるのではないかと、少しの希望も感じるのです。

在来種の野菜にフォーカスした「種市」というイベントに、2013年の開催当初から私も参加してきました。そこでも心に残る、心で感じる、そういう場面に何度となく立ち会いました。種をつないでいくなかで思わずこみ上げる生産者の作物への想い、日々農家が感じる伝統の重みや葛藤、種採りの大変さ……イベントを通してそうした人々のさまざまな想いが感じられるたび、心を動かされました。

私の胸をゆさぶるもの、それはまさに小さな種に秘められた奥深い物語です。人の手から手へとつながれていく種。その長い長い歴史のなかには、さまざまな物語が詰まっています。

人と作物、その関係性にもまた百人百様のストーリーが詰まっていて、そのことが聞く人の心に何かを訴えてくるのです。これは普通の種には絶対にない、在来種だけがもつ力だと思います。

種を受け継ぐ

２０２２年に私の畑でデビューした長崎大根という在来種があります。40年来のつき合いとなる新海さんという地元の消費者の方から、あるとき突然連絡がありました。数年前に亡くなられたお父さんが自分の菜園でずっと大根をつくっていたそうで、漬物にしたり煮物にしたりと、新海さんが子どもの頃からずっと食べつづけてきた親しみのある大根だったとのこと。

50年近くお父さんが守ってきたその大根は、お父さんが亡くなったあとも勝手に種をつけ、発芽していたそうです。そうしてできた大根を採っては数年ほど食べていたのだとか。しかし、3年目を過ぎたあたりからだんだん発芽しなくなってきて、「今年は7本しか発芽していません。どうしたらこの大根は生き残ることができますか」と私のところに電話をくださったのです。

「すぐに私のところへ、その7本を送ってください」と新海さんへお願いしました。そして、その7本を母本として4年ほどの時間をかけて種を採っては選抜をくり返し、ようやく「長崎大根」と名づけて出荷することができました。

できた大根をいちばんに新海さんへ送ると、「父がよみがえったような気がします」ととても喜んでくれました。お父さんのご仏壇に、大好きだった大根と地元の長崎かまぼこを炊いた煮物をお供えしたそうです。

「復活させてくださって、守ってくださって、ありがとうございました」と私にも長崎かまぼこを送ってくださいました。お父さんが50年ものあいだ守ってきた大根が絶えなくてほんとうによかった。種を継ぐことができたことを私も心から喜びました。

このような、じいちゃんやばあちゃんがひそかに守ってきた種にものすごく心惹かれます。私自身、失くしてしまった種があり、あれもよかったな、これもよかったなと思い出す種がいくつもあります。とくに芋類や豆類などは気候の変化に弱く、自分の力だけではどうすることもできませんでした。

赤いサツマイモは一度消えてしまったのですが、なんとかギリギリのところでつなぐことができました。同じ雲仙《うんぜん》市に暮らす若手農家の田中遼平さんにかつて渡していたものがあったので、彼から種を分けてもらい息を吹き返すことができたのです。

このように、私の手から一度離れてしまったものの、ふたたび戻ってきた種がいくつかあります。今年は20年ぶりに赤いジャガイモが帰ってきました。

いまから30年ほど前、親戚が「おいしいジャガイモがあるから」と赤いジャガイモをもってきてくれました。私も味をとても気に入り、10年ほどつくっていたのですが、あるとき地元の育種家がつくった新しい人気品種のジャガイモにのめり込んでしまい、いつの間にか自分が守ってきた赤ジャガを放ったらかして絶やしてしまったのです。

それからしばらくして、あの赤ジャガを失くしてしまったのはもったいなかったと後悔していたら、お手伝いによく来てくれているおばあちゃんが、それなら自分はもう20年も育てている、と言うんです。よくよく聞いてみると、私が昔つくっていた赤ジャガにとても似ていて、しかも、かつて私の仲間だった本多さんからもらったものだと言うではありませんか。つまり、それは当時私がつくっていた赤ジャガそのものだったのです。さっそく、おばあちゃんの赤ジャガと、私が育てていた別の赤ジャガ（アンデスレッド）を交換してもらいました。

自家消費のためにずっとつくられてきたその赤ジャガは、まさに20年前、私が絶やした赤ジャガでした。偶然にも20年ぶりに私のもとへと帰ってきたわけです。こういうめぐり合わせもあるのかと驚くと同時に、とても反省しました。

アンデスレッドもおいしいジャガイモですが、おばあちゃんは「いやぁ、うちが20年守ってきた赤ジャガがやっぱりおいしい」と言います。やっぱりおいしいから、ずっとつくりつづけてきたんですね。一度は失われてしまった赤ジャガは、おばあちゃんが守ってきてくれたから、こうして私のもとへ戻ってくることができたわけです。

じいちゃん、ばあちゃんたちが自分で食べるためだけに守ってきた種が、じつはいたるところで人知れず絶えてしまっています。でも、種が残っていれば復活して、次の世代につなぐことができる。種を継いで、食べて守っていく。それは食の多様性を守ることにもつながりますから、その地域の食文化として残っていってほしいと思うのです。

在来種がもつ物語は、たしかに人の心を動かします。しかし、ストーリーは急ごしらえでつくることはできません。だから価値があり、それぞれが唯一無二なんですね。そうした強いストーリーがあるから、種を守ることの大切さ、種をつなげていく意味も、時代を超えて感じてもらうことができる。だから、私はそういう物語のある種にこれからももっと出合いたいし、守っていきたいのです。

私は赤ジャガを手放してしまったことをすごく反省しました。このことがきっかけで、一時的な種の流行にのって目新しい種を10年、20年と守ることより、昔から変わらない種を大切に守っていきたいという思いがより強くなりました。

私のもとへ帰ってきた赤ジャガは、他の農家にも分けて、もう二度と絶やさないよう大事に育てていきたいと思っています。

さりげない野菜とは

畑菜《はたけな》という青菜は、私が〝さりげない野菜〟と表現している野菜の代表的なものです。

さりげない野菜とは、そのへんの道端や土手など、どこにでも生えているようなごく普通の青菜で、その名のとおり、さりげなく生きている野菜です。

しゃくし菜《な》、福立菜《ふくたちな》、松ヶ崎浮菜《まつがさきうきな》、山東菜《さんとうな》、壬生菜《みぶな》などもさりげない野菜です。少し苦味のあるものが多く、この苦味のせいで人気がないのですが、それがプロの料理人の腕にかかると、うまみやおいしさへと変わります。私もこの苦味のおいしさを知ったとき、これは残していきたいと強く思いました。

栽培している人でないと区別がつかないほど、どれも見た目がよく似ています。とくに畑菜、大和真菜《やまとまな》、松ヶ崎浮菜を同時に収穫すると、手伝いに来てくれているおばあちゃんも「どれがどれかわからんよ！」といつも困り果てています。

こうしたさりげない野菜は、まさに失われゆく野菜でもあります。スーパーに並ぶこともなく、生産している農家も日本じゅうにいったい何人いるのでしょうか。つき合って30年にもなる畑菜は、いまではここの風土によくなじんで、完全に〝雲仙畑菜〟になりきっています。

壬生菜もいまやまったくスーパーで見かけなくなってしまいました。同じ仲間の水菜に比べて、少しほろ苦味があります。この壬生菜も畑菜と同じく、京都の農家の方から分けていただいた門外不出の種で、私の畑のなかで30年近く一緒に暮らしています。

　しゃくし菜は、いろいろな表情を見せてくれます。小松菜のような姿をしているのですが、どんどん背が高くなり、白茎がすーっと伸びた姿は、まさに青菜の王様のようです。

　その昔、しゃくし菜とは、ごはんを茶碗によそうしゃもじにとても似ていることから「めっじゃくし菜」と地元では呼ばれていました。収量が多い青菜で、Ｆ１《エフワン》種《しゅ》の青菜でも、こんなに収穫量の幅が広い種はなかなかありません。しかも、大株になっても食味が落ちず、さらっとした味わいでクセがなく、料理にも幅広く使えることから、家庭の自給野菜として栽培されていました。しかし、いまでは農家でさえも姿を見ることはなくなってしまいました。

　いずれも品種改良されることなく昔のままの姿で、青菜の多様性を表現している野菜たちです。一つひとつのインパクトは弱いかもしれませんが、このさりげない野菜たちが多く出そろった時期にだけあらわになる青菜の多様性を目にするたび、あらためて在来種のすばらしさに心打たれ、またそれを伝えたいと感じるのです。

平家大根のロマン

在来種の大根で、例年いちばん最後に出番を迎えるのが平家大根です。大根はいま7つの品種を育てていますが、そのなかでもっとも野性味にあふれる、まさに自然児の大根です。固めの肉質で、強い辛味があります。

うちの平家大根は、宮崎県椎葉村の椎葉クニ子ばあちゃんが育てていたものを分けてもらいました。あるとき、とあるテレビ番組の撮影でクニ子ばあちゃんの畑へ行くことになり、ふたりで平家大根の種を採っていると、クニ子ばあちゃんが私にこう言いました。

「岩崎さん、私はこうやって50年間もこの平家大根を守ってきたのよ」

椎葉村は非常に山深い集落で、種を守るために昔から焼畑を続けています。焼畑にヒエや大根の種をばら蒔きするという独特の方法で育てるのです。

まさに風土と種と人が一体となっていて、厳しい環境のなかでも、その土地で種がしっかりと生きている姿を目の当たりにしました。

そうした風土の記憶をもつ在来種が、新しい土地で適応するかどうかは、植えてみないことにはわかりません。在来種が風土になじんでいくには当然時間もかかりますし、手をかけながら、じっくりと腰を据えて育てていくしかないのです。

源平の時代から８００年もの歴史の中で生きてきたであろう平家大根の生命力はすさまじいものがあります。この大根以上にロマンを感じる野菜はないと思うほどです。厳しい山奥でいのちをつないでいくために、毎年毎年くり返し、人々が手をかけて守ってきました。その歴史の長さ、人の想いに感動します。育てる人だけでなく、食べる人にも感じられるその生命力は、他の大根とは圧倒的にちがいます。

じつは、この平家大根と出合う前は、五木《いつき》赤大根が平家大根だと思っていました。私が想像するところでは、平家大根は平家の流れを汲《く》んで、五木赤大根は源氏の流れを汲んで生きてきたのではないかと思っています。

そんな五木赤大根は水洗いしたとき、その美しさをあらわにします。その名のとおり赤い姿をしており、皮目にすうっと入った白い横線が特徴的です。歴史の中で刻まれてきた特別な美しさのように思えます。大根の仲間のなかでも私がいちばん好きなものです。

もう20年近くうちの畑で暮らし、すっかりなじんでよく育っていて、いまでは雲仙という風土に合った味を表現してくれているのではと思います。これまでは山の畑で花を咲かせていたのですが、新しく仲間入りした長崎大根に場所を譲り、今回は別の畑で定植することになりました。そのため、この春は少しとまどいながら花を咲かせることになるのではないかと思います。

かたや平家大根は、私の畑にきて15年ほど経ちますが、いまだにふぞろいで、長いもの、短いもの、横太りのものと、まさに多様性にあふれる姿をしています。

畑にきた当初は、収穫時、土から引き抜くのにとても力が必要だったのですが、いまでは片手で引っぱるだけでころりと土から抜けるようになりました。そんな平家大根の変わった姿を見て妻は、「この大根たちはあんたに恋しているのよ」と冗談まじりに言うのです。

平家大根は、なるべく先の細い姿のものを選別してきました。もともと太くなりやすい性質をもっているので、少しでも楽に収穫できるよう少しずつかたちを変えてきたのです。とはいえ、こちらの希望どおりにすぐ応えてくれるものでもありませんから、気

長に毎年つき合ってきました。しかし、いまでは先ほど言ったとおり、土から簡単に抜けるようになりました。

昔ながらの野菜たちはとても感受性が豊かで、守っている人の心の動きを敏感に感じとってくれているように思えます。

椎葉村からやってきて15年目になる春も、みごとに花を咲かせました。少しずつ姿を変えながら、私と一緒に暮らしてきたこの大根は、今年もこの地で生きつづけることをうれしく思ってくれているでしょうか。

彼らがいつかこの地の風土をすべて知り尽くし、雲仙の平家大根として目一杯のおいしさを表現してくれるときがくるまで、私もロマンを感じながら変わらず大切に守っていきたいと思います。

野菜を原種の姿へ戻す

雲仙こぶ高菜は、私の町の伝統野菜です。漬物野菜のイメージがありますが、若菜のときはサラダにも向いていますし、大株になると油との相性が良いので炒めるとたいへんおいしく食べられます。

この雲仙こぶ高菜は、名前のとおりそのめずらしい姿かたちから、〝未来に残したい味〟として日本スローフード協会から食の世界遺産「味の箱舟」のひとつに認定されています。そして、そのなかでも特に消滅の危機に瀕《ひん》した食として「プレシディオ」の認定も受けました。そうした動きもあって、しだいに地域のなかでも知られるようになり、生産者がだんだんと増えていきました。地域の加工所でも雲仙こぶ高菜の漬物、それを使った高菜まんじゅうが開発され、２０００年の初め頃からしだいに雲仙こぶ高菜ブームが広がっていったのです。

しかしその加工所もすでになくなり、生産者もひとり、またひとりとつくるのをやめて、いまでは私のまわりの2~3人ほどだけになってしまいました。

そんなある日、長崎県内でチェーン展開する地元スーパーの仕入担当者から、「雲仙こぶ高菜をスーパーで売りたい」と相談の電話がありました。しかし、スーパーに出荷できるだけの収量を見込める生産者は私を含め誰もいませんでした。

在来種として生き残っていくためには、地域のなかで食文化として定着していかないと、一時的なブームで終わってしまうのだと痛感しました。おそらく、数店舗のスーパーに雲仙こぶ高菜が並んでいるだけでは、流通は長く続いていかないのが現実でしょう。

私の家の近くに、かつて峰種苗店《みねしゅびょう》という小さな種屋がありました。店主の峰眞直《すなお》さん（故人）は、この漬け菜に人生をかけた方で、みずから「雲仙こぶ高菜」と命名し、原種の保存をしながら採種しては、その種を全国の種苗店に販売していました。

峰さんのところへ種を買いにいくといつも、この雲仙こぶ高菜のことを自慢げに話してくれたものです。そして、雲仙こぶ高菜の原種を守っている採種地に私を連れていっては「岩﨑さん、これが原種の姿ばい。こぶのつく位置はこのへんがいい」と教えてくれました。そのとき私はまだ高校生でしたから、そこまで関心がなく、ただ聞いているだけでした。

それから時が経ち、雲仙こぶ高菜が地域から消えかけた際、東京のメディアがとてもめずらしい野菜だと取り上げたことで、ふたたび注目されるようになりました。私は種を手に入れようと探してみましたが、すでに峰種苗店は店をたたんでいました。

諦めかけたそのとき、家の近くの川土手に自生してひっそりと生き残っている雲仙こぶ高菜を見つけたのです。その後幸いにも峰さんの妻・キミエさんが家庭用にと細々と守っていた種を分けていただくことができ、峰さんが守っていた種からふたたび復活させることができました。

いま思えば、峰さんが高校生の私に雲仙こぶ高菜の原種の姿を教えてくれたのは、運命だったのかもしれません。もし峰さんが、この高菜に対して熱い想いを抱いていなければ、今日の復活はなかったのではないでしょうか。

種を守っていきたいというみんなの想いが実を結び、在来種を復活させることができました。いまでは雲仙の伝統野菜として、広く育てられています。

種は宝探し

いま、私の畑にはさまざまな場所からやってきた種があります。

遠くはオーストラリアからやってきたロマネスク。とても見栄えが悪くて、最初はすぐにやめようかと思っていたのですが、食べた消費者の方からとてもおいしいと教えてもらい、以来ずっと育て、いまでは私の大切な野菜のひとつになっています。

京都の農家さんからいただいた九条太ネギは、いまやすっかり私の畑のスターになりました。それまでネギは、種苗会社から買ってきた在来種を育てていたのですが、この九条太ネギの種をもらって育てたところ、あまりのおいしさに感動しました。それまでは農家が採った種はたいしたことがないと思っていたのですが、こんなにもすばらしい種を農家の手でつくれるのだということを知って、たいへん自信にもなりましたし、励まされる思いがしました。

私の父がかつて育てていたマクワウリ、ショウガ、風黒《かざぐろ》里芋などもなんとか守っていきたいと思っています。風黒里芋という名前は、父たちが昔から呼んでいた「かざぐろ」という音に当て字をして、私がつけたものです(何も資料が残っていないので、かつてどんな漢字が当てられていたのかはわかりません)。しかしその姿をよくよく見てみると、しだいに「風」ではなく「傘」ではないかと考えるようになりました。茎が黒く、芋の葉が傘のように見えるから「傘黒」。とはいえ、いまの「風黒」も風流で覚えやすいように思います。

北海道の地カボチャはいろいろなかたちをしていて、収量は多くありませんが、この種をくださった北海道の方はもう栽培ができなくなったとお聞きしたので、これは私が守るしかないと、いまも栽培を続けています。

初めて種採りをした黒田五寸人参は、私にとってやはり特別な存在です。このニンジンのすばらしさをもっと広く伝えていきたいですし、これからも変わらず育てていきたいと思っています。

人の想いが詰まった種は、たとえどこへ行こうとも、いつも精一杯、その土地になじんで生きようとするものです。私のもとに縁あって来てくれた種もあれば、人の手に渡った種もあります。誰かが守ってきた大切な種を絶やさないためにも、勇気を出して種を旅に出す。それが種にとってはいいことなんだと思うようになりました。

物語のある種、人の想いがいっぱいに詰まった種、やはりそんな種はいいものだなとつくづく思います。そこから、想いをかたちにできる農がはじまるように思います。

人類の共有財産である種にはたくさん残っていってほしい。これからもいい種と出合いたいですし、おいしい野菜をつくっていきたい。種との出合いは、まさに宝探しのようなものだと思います。

種を旅に出そう

生きていくために、本来、種は旅をしたいと思っているはずです。仲間を増やしたり、子孫を残したり、それが植物の本能だからです。あの手この手を使って、自分の種が消えてしまわないように、植物は生き延びようとします。種《しゅ》が終わることのないよう、種は人の手から手へと渡りながらなんとかして生き残っていこうとするはずです。植物の立場に立って考えてみれば、それはとても自然なことだろうと思います。

だからこそ、種を〝守る〟というのは人間の業《ごう》でもあり、表と裏があると私は思っています。つまり、種が外に出てしまわないように守ることで、自分だけがつくっているという価値が生まれるともいえるわけです。

守るということにはふたつあって、ひとつは種をつなげて守ること。そしてもうひとつは種を外に出さず、地域のなかできちんと流通させながら守ること。どちらも同じくらい大切で、そうやっていかないと種を維持していくことは難しい気がしています。

そのためにも、守ってきた種が農家の一代限りで消えてしまうのは、なんとしても避けなければなりません。その農家自身は役割を終えたとしても、種は誰かに受け継がれていってほしい。欲をいうならば、その地域のなかで文化として残っていってほしいのです。

農家だけでなく地域の人たちにも広がり、食としてつないで守っていくほうがよいだろうと思っています。それは種を守ってきたかつての人たちにとっても、すばらしいことであるはずです。

私の畑に定着している在来種のなかには、種苗交換会で分けていただいたものも数多くあります。代々守りつづけてきた貴重な種を分けてもらったのですから、大切に育ててきました。

縁あって私の畑へたどり着き、しばらくのあいだここで過ごして新たな力を蓄えたら、ふたたび旅へ出る。そして、また行き着いたところで生き延び、その風土になじもうと、種を守る人が願う姿に少しずつ姿かたちを変えながら生きていく。おそらく何十年、何百年と種はそうやって旅をくり返してきたのではないでしょうか。

種はどこへ行こうとも、その場所で一生懸命に生きていくものです。遠くから来た種の多くは、最初は戸惑って本来の力をなかなか発揮できなくても、長年くり返し種を採っていくなかで、その風土に合ったものへとしだいに変わってきます。

私たち人間の社会にも「かわいい子には旅をさせろ」という言葉がありますが、在来種の種採りにもあてはまるように思います。

私は以前から、種を自然の中に放り出しては種を採ることをしてきました。空き地や川の土手などに種を植え、雑草とともに生育させるのです。アブラナ科の野菜には交雑の心配があるのですが、種の生命力を高めるためにはいい方法のように思っています。

とくに土手のような荒れ地でしばらくのあいだ旅をさせ、種を雑草と一緒に自然のまま育ててみると、どんな雑草にも負けまいと、より生命力が高まってきます。

私の畑には、そうした〝こぼれ種〟の中から、選抜をくり返して守ってきた野菜がいくつもあります。近くの自然へと旅に出して元気を取り戻してから、ふたたび畑へと戻して栽培する。少し選抜に時間はかかりますが、おもしろい種採りです。

じつは、種採りをはじめた頃、母本を育てる際にはたくさんの有機物の肥料をあたえていました。ものすごく大きな姿になって、たくさんの花を咲かせ、たくさんの種をつけようとするのですが、アブラムシなどの害虫や病気が発生したり、たとえ種が実っても、今度は種を食べる害虫が発生したり、強い風によって倒れてしまったりと、結局は種が採れなくなってしまうことが多かったのです。おまけに種の発芽力も弱くなっていきました。有機物の肥料をあたえることで、本来、在来種がもっているはずの生きる力を引き出せなくしてしまったのかもしれません。

自然農法に向いた種採りは、自然本来の無肥料に近い状態の畑でおこなう必要があるのではないか。そして、自然農法の出発点は種そのものにあり、いい種を育てることじたいが種の農法なのだと思うようになりました。

種は旅をしながら、みずからを大切に守ってくれる地で育っていきます。どんなに荒れた地であっても、人によって守られつづければ、その風土にふさわしい種へとしだいに変わっていくのです。

第 4 章

野菜と暮らす

野菜の生きる姿に学ぶ農の世界

私は自分の好きな種を守っています。

それがいま、手もとに残っている50種類の野菜たちです。日本の在来種としては青菜、大根、カブなどが品種も非常に多く、多様性にあふれています。比較的新しい野菜、たとえばブロッコリーやカリフラワー、キャベツなどは在来種の数があまり多くありません。

たくさんある在来種のなかでどの品種を育てていけばいいだろうか、と悩む方もいるかもしれませんが、その野菜が「自分に合っているか」で選べばよいと思います。大根でいうと、私が選んだのは7種。たった7種です。大根の在来種が何十種類あるのか正確な数はわかりませんが、自分の好きな種、自分と相性のいい種を選んでいくしかないんですね。ひとりですべての種は守れませんから。

地域に残ってきた種。誰かが大切に守ってきた種。そうした種が長く守られてきたのにはやはり理由がある。

そこにはやっぱり、たくさんの人の想いが込められていると思うのです。人の想いやストーリーを感じるからこそ、私も40年間守ってこられた。種があるから、というだけでは何十年も守りつづけるエネルギーは生まれてきません。自分の手もとにやってくるはるか前から種を守ってきた人々の存在を身近に感じるからこそ、絶やしてはいけない、受け継いでいこうという覚悟が生まれるのです。

人の心を動かす農の姿に触れるたびに、こんな世界があったのかと、いまでも驚きと感銘を覚えます。だから、ここまで続けてこられたのだと思います。

儲かったかどうかという経済的な指標も、ひとつの農の世界の現実でしょう。しかし、心がふるえるほど感動したり、花を美しいと感じたり、ときめいたり、そういう心で感じる農の世界もあるということをみなさんにもぜひ知ってほしいのです。それは、在来種を守っている農家が〝野菜からもらう〟いちばん大きな恩恵でもあります。たとえ大変なことやつらいことがあっても、だから乗り越えていける。

長いあいだ、農にこれほどすばらしい世界が秘められているということを誰も私に教えてくれませんでした。他でもない野菜たちが教えてくれたのです。農の世界をどうとらえるかは、もちろん個々の感性によって異なるでしょう。各人それぞれが野菜と向き合いながら、感じとっていくことなのだろうと思います。

ただ、ひとつの農業のあり方として、私が感じてきた農の世界も次世代の人々へつなげていけたらと願っています。種を守ることは大事ですが、そのためには人と作物のかかわり方や関係性じたいが豊かに結びついていることが必要だと思うからです。

食べてみて初めてわかること

野菜ができたら、まず自宅で試食をしています。野菜の出はじめや初めてつくった在来種はかならず食べて味を確認します。たとえば、苦みが出やすい夏野菜のキュウリは、どういう状態のときに苦味が出るか・出ないかを試食して確認したあと収穫します。

そうしたこともあり、自分でつくった何らかの野菜を毎日食べています。食べ方はいたってシンプル。野菜の味がわかるように生で食べたり、さっとゆがいて食べたりと、簡単に味つけしたものがほとんどです。

料理してみてわかることも多々あります。実際に水洗いして細やかに見てみると、病斑があったり、奇形があったり、畑では見えなかったものがよく見えてくるのです。小さすぎたり、可食部分が少なかったり、捨てるところが多い場合は、料理をしてくれている妻も面倒に感じるようで、それは消費者の方もきっと同じように感じることでしょう。妻からのそうしたさりげない反応は、適切な収穫時期を判断する参考にもなります。

先日、鶴首《つるくび》カボチャを試食したときのことです。その名のとおりこのカボチャは鶴の首のような細長い上部と、種が詰まった丸い下部に分かれているのですが、あるとき、鶴首の部分がなくなって大きな丸い部分だけの姿に変異した個体が見つかりました。

こうした変異はときどき起きるのですが、じつはそういう野菜こそ病気に強かったり、なりがよかったりします。この変異した鶴首カボチャも非常になりがよく、もしかしたら夏の雨に強い品種かもしれないと考え、まずは味をみてみようと収穫しました。妻が料理してみたところ、残念なことに思っていたほどおいしくはありませんでした。

自分の種を守って次につなぐこと、それが植物の生きる目的です。ですから、種が詰まった大きな部分こそが鶴首カボチャにとって、子孫を残すためにもっとも重要な部分なのです。

一方で鶴首の細長い部分には種もほとんどなく、極端な言い方をすれば、カボチャにとっては生きていくのに必要のない部分だろうと思います。しかし、その細長い鶴首のところこそ、じつはすごくまろやかで一番おいしい部分なのです。種の詰まった丸い部分は、種を守ることに一生懸命で、食べる人のことなんかおかまいなし。だから、そこだけ食味が落ちるんだと気づかされました。

種を残すことだけを考えれば、たくさん種が詰まった丸いところだけを大きく実らせるほうがカボチャにとっても効率がいいはず。ですが、人間が喜んで食べてくれないと種が残せませんから、鶴首の部分はおいしくして、人間のために残してくれているのだと思います。

そうやって食べてみて、初めて気づくことが多々あります。ですから試食というのはとても大事なんです。見た目だけで心を惑わされてはダメなんですね。

野菜の手紙

うちからお届けする宅配セットには、昔から野菜の手紙を添えています。

このセットの中にはどんな野菜が入っているのかを説明し、育てているさまざまな野菜についての紹介や、その時どきに私が畑で感じていることなどをA４サイズの用紙いっぱいに手書きでつづっています。悪筆のうえにびっしりと書いてしまうので、あるとき読みづらいと指摘を受け、ワープロで書いていた時期もあるのですが、ワープロが壊れてしまってからは結局、書き慣れた手書きに戻ってしまいました。

40年間、ときどき休みを入れながらもなんとか続けてきました。もともとは、短い文章で在来種の野菜のことを伝える簡単なおたよりだったのです。当時はまだ在来種じたいがあまり知られていなかったので、どういう野菜なのかという説明はやはり必要でしたし、消費者に直接野菜を届ける農家として、当然の役目だと思っていました。

レシピなど料理や食べ方に関することもお伝えできればいいのですが、それは私の専

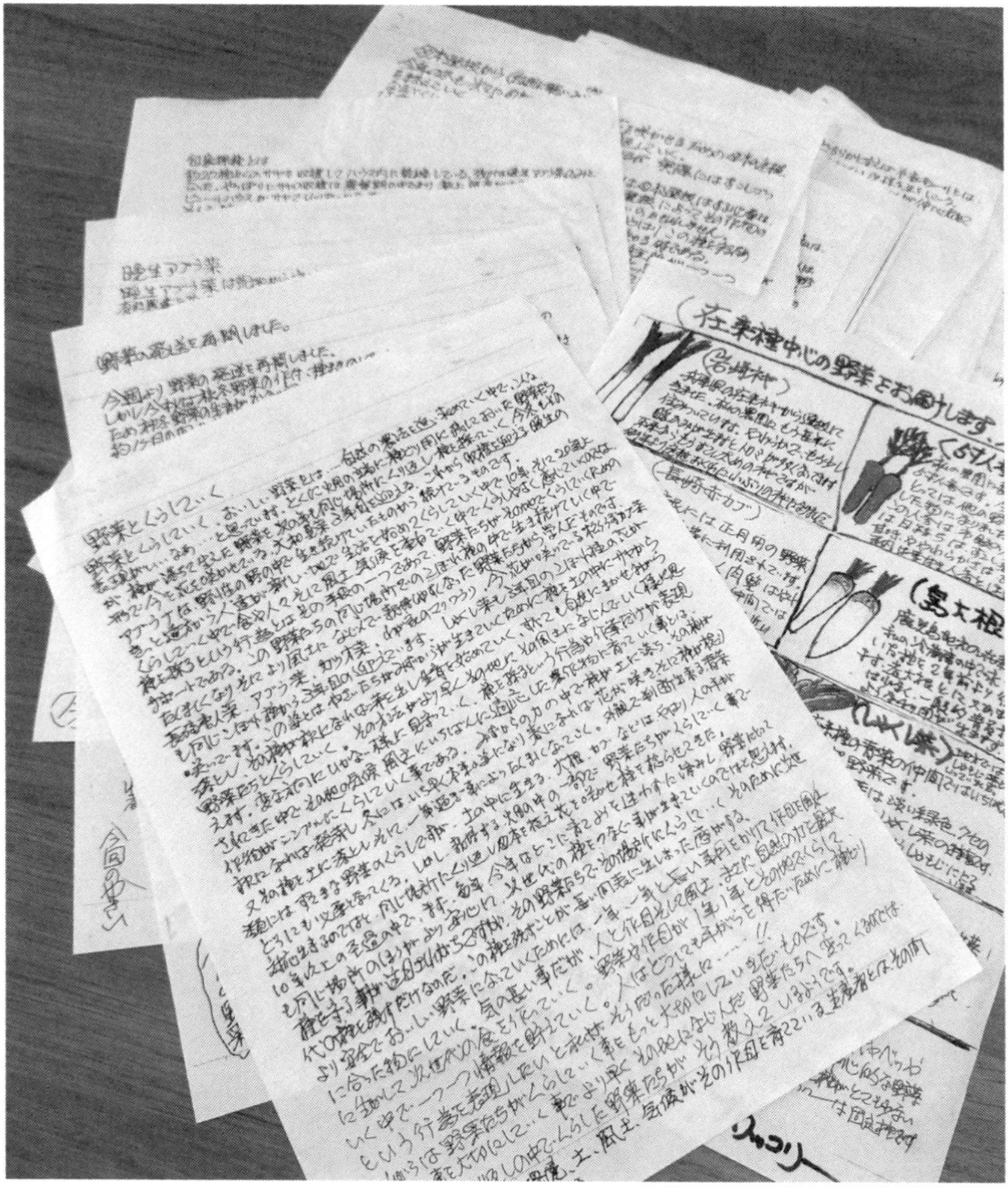
野菜とくらしていく
野菜の発送を再開しました。

門外なので、せめて野菜を育てる農家として日々感じることや野菜に対する想いなどを書いてみようと考えました。

畑のなかで感じたことを中心につづってきましたが、そうすると、毎日野菜と向き合っていてもなお、新しい気づきは尽きませんし、いまでも学びがあります。正直、書くのは大変なときもありますし、苦しく思うときもありますが、何かを感じたときは「書かなくては！」と、その日のうちに急いで書き上げることもしばしばです。感じていることを言葉にすることで、その意味を確認しているような感覚がどこかにあって、自分にとっても得るものが大きい作業だと思っています。

そもそもは、野菜を買ってくださった方たちに役立てばと添えた手紙でした。けれども長いあいだ書いているうちに、野菜に対する自分なりの想いや視点を書き留めておく貴重な場所にもなっていきました。

瞬間的にぼんやりと感じたことも、文章に置き換えてみることで気づくことが多々あります。書くことによって野菜を深く知れるだけでなく、書かなかったら忘れてしまっていた感情も残しておくことができます。

ですから、これまでに書いたものが自分と作物のひとつの記録として残っているのは、とてもよかったなと思っています。

〝種をあやす〟という表現も、野菜の手紙を書いていくなかでしぜんと出てきました。種を採るときの所作を比喩的に表した言葉です。さやの中に詰まっている種を振るい落としていく際、左の手でさやを抱くようにもち、右の手でやさしく摩《さす》るのですが、あるとき種採りを自分でやりながら、なんだか腕に抱いた赤ん坊をあやしているみたいだなと感じました。

種を採る様子をどんなふうにみなさんにお伝えしようかと考えているうちに、「採る」ではなく「あやす」という言葉が頭に浮かんできたのです。書くことで、自分なりの言葉が生まれたのでした。私が感じている農の世界の多様さ、美しさ、楽しさ、喜びなどをどうやってみなさんにお伝えしたらいいだろう――そう考えながら言葉をひとつずつ選び、表現してきました。

日々、野菜と暮らすなかで感じたときめきや心をとらえた瞬間を言葉にしていくことは、私にとって、農民としての使命のように感じます。

このすばらしい農の世界をひとりでも多くの人に知ってもらうために、自分なりの言葉で伝えていきたい。それが私の歩く農の道なのだろうと思っています。

種をあやす

種をあやすと聞くと、ていねいに優しくおこなうのだろうと思う人もいるでしょうが、じつは野菜によってあやし方はさまざまです。

春先に美しい花を咲かせていた野菜たちは次々に花からさやへと変わり、やがて種が大きくなるとさやは黄色く色づきます。こうして、梅雨の時期になるとわずか1ヶ月のあいだに約20種類もの野菜の種採りがはじまります。手で種をあやせる野菜もあれば、棒で叩いてあやしたり、たとえば大根のさやはとても硬いので、もっと乱暴に軽トラックのタイヤで行ったり来たり踏みつけて種あやしをしたりもします。

そして、あやした種は自然の風でふるいにかけます。両手で種をつかんだら、風が弱いときには手を高く掲げ、風が強いときには種まで飛ばされないように手の位置を低くしながら、少しずつ風に乗せていきます。身の詰まった種は下に落ち、軽いさやは風に乗って飛んでいく。そうやって風の力を使って自然に振り分けていくのです。

さやから種をあやし、自然の風に吹かせては、またさらにあやしていく。この作業を何回もくり返していくことで、最終的には両手いっぱいの種になって帰ってきます。

そして仕上げは、太陽による天日干しです。これもじつに気を使います、種は生きていますから、温度が上がりすぎることのないよう加減しなければなりません。種についている虫は、この太陽の光が嫌いで逃げていきます。種を長く保存するためには欠かせない、とても大事な作業です。

こうして種をあやしていると、小さな種がもつ神秘性を毎回感じます。最終的に種として結実する野菜本来のこの姿を、子どもたちにももっと広く知ってもらえたらすばらしいなと思います。食育としても大切な知識や経験になるのではないでしょうか。

今日でこそ、大勢の人に手伝ってもらいながら種をあやしていますが、じつは、種をあやすという行為そのものを恥ずかしく思っていた時期もありました。なるべく人目につかないよう、山の中や川の土手に行って、ひとりでこっそりと種をあやしていたのです。

当時、種は買うのがあたり前でしたから、まわりの農家に種を採っていることを知られたくなかった。自分で採った種が良いものかどうかもわかりませんでしたし、自分で種を採ることじたい、よく思われない時代でもありました。同じ在来の種を安く買うこともできましたし、わざわざ手間と時間のかかることを好きこのんで誰もやろうとはしませんでした。ですから、種を採る行為そのものが恥ずかしかったのです。

のちに、私が種を採っていることが広く知られるようになってからは、毎年いろいろな方々に協力してもらいながら一緒に種あやしをしています。おかげさまで、自分でも恥ずかしいと思っていたことが、じつは種をつなぐための大切な営みなのだということを、多くの人に知ってもらう機会になっています。

こうして種をあやしているときこそが、循環しつづける野菜の生命をもっとも身近に感じられる瞬間かもしれません。そして、そこには風の力も必要だし、人の手が介在することで種あやしは完成します。たくさんの人の手でニンジンの小さな種をあやしている場面はとても美しいものです。

みなさん楽しそうに参加してくださっていますが、大切な種を取りこぼしてはいけないという緊張感も同時に感じます。小さな種がなくなってしまわないように一生懸命、種をあやす。ただ楽しいからというよりは神聖な気持ちをもって接してくださっているんだろうと思います。

実のところ、あやしているうちにどの種か見失ってしまうこともたびたび起こります。そうなってしまうと、何の種だったのかは植えて育つまでわかりません。今年も、畑菜を蒔いたと思っていたら福立菜だったことがありました。それは、いろいろな人が携わることで生じてしまう難しさでもありますが、多くの人に集まっていただくことは私としてもとてもうれしい時間なのです。

野菜と暮らしていく

2010年頃だったでしょうか。あるときふと、ひとつの野菜を畑の中の同じ場所で育ててみるのはどうだろうか、と思いつきました。じつはそれまで、種が交雑することのないよう、毎年作付けする場所を替えていたのです。

これからはとにかく同じ場所でくり返し種を採りつづけてみよう。そして種がどうなっていくか、その変化を見てみよう。そう考えました。

以来毎年、同じ品種を同じ畑の同じ場所に植えて種を採り、その種をまた同じ場所に植えてみることにしました。約10年が経って思うことは、格段に収量が上がるということはないけれど、悪くなってもいないということです。むしろ、１年経つごとに、その場にしっくりとなじんできているように感じられます。

種にとっても毎年、新しい場所に適応することを迫られるより、その場所によりなじんだ野菜に少しずつ変わっていくほうが生きやすいのかもしれません。いまでは、とても理にかなった、在来種のひとつの生きる姿なのではないかと思っています。

私自身も、とても楽になりました。「この種はここ」と決まっているので、あれこれ迷わなくて済むようになったからです。それまでは、交雑しないように、この種はどこに蒔こうかと毎回あらたに考えなくてはなりませんでした。

野菜が同じ場所、同じ畑で生育を毎年くり返しながら、その畑や風土にしだいになじんでいくことを、私は〝暮らしていく〟と呼んでいます。種を採るという行為も、野菜がその地で長く暮らしていくためのサポートのひとつなのです。

種は、毎年採っても、けっして同じ種にはなりません。たとえば40回花が咲けば、40回種は生まれ変わっています。

同じ畑、同じ場所でくり返し採った種は、たとえ同じ種のように見えても、毎年その土地の風土や天候に適応していきながら、少しずつ生まれ変わっているのです。ですから、何年もかけて野菜と一緒に暮らしていかないと見えないことがたくさんあります。

長い年月をかけてその風土に合った作物にしていくのは、たいへんに気の長いことです。人と作物、そして風土といった自然の力を最大限に生かしながら、次世代につなぐ食をつくっていくわけですから、そのぶんやりがいはあります。

野菜は一年また一年と〝暮らし〟ながら、畑のなかで一つひとつ情報を蓄えていく。ですから、もし10年のあいだ種を冷蔵庫で保存して眠らせてしまったら、その10年間に種が畑の中で体感し、蓄積される経験や情報がすっぽり抜け落ちてしまうことになります。毎年、畑で一緒に暮らしていくことがとても大事なのです。

人間も同じで、新しい地で暮らしていくときは、食や人、風土や気候に少しずつ適応しながら、だんだんと居心地の良さを感じていくものです。同じ場所でくり返し野菜を育てられれば、野菜にとって負荷が少ないぶん、それだけ早く土になじみ、すんなりと生きていけるのではないでしょうか。

たとえ種がどんなにすばらしい記憶を携えていても、ひとたび時と場所と人が変わって土に植えられたら、その土地になじむのに時間がかかってしまいます。だからこそ時間をかけて野菜と暮らしながら、種の記憶を同じ場所で蓄積していくのがよいのだろうと私は思います。

生産者にできることは、野菜と向き合って、野菜を感じながら、野菜の身になって、野菜と暮らしていくこと。そうやって一年一年を大切にしながら作物と一緒に種を育んでいくことは、在来種だけがあたえてくれる豊かさです。

その土地で、このさき何十年後も在来種が生き残っていられるように、時間をかけながら生産者も一緒に野菜と暮らしていく。そうすれば、自然とその風土にいちばんなじんだ種になっていきます。それが在来種を守るということなんだと思います。

自然を聴いて心《み》る

自然農法家の露《つゆ》木《き》裕喜《ゆき》夫《お》先生という方がいらっしゃいます。露木先生の遺稿をまとめた『自然に聴く　生命を守る根元的智慧』という著書が１９８２年に刊行されています。

タイトルにもある「自然に聴く」という言葉がとてもしっくりと、心に響きました。

私としては、自然に耳を傾けて〝聴く〟だけではなく、心でもって〝見る〟という感覚も大切にしています。〝心《み》る〟としたほうが伝わるかもしれません。耳で聴く、目で見るよりも、心で感じる。そうすることで、もっと深く植物と接していくことができるように思います。

野菜と接するときの姿勢をひと言でいえば、私にとってそれはまさに「心《み》る」なのです。この気づきが、自分のめざす農の方向性を決めました。私には農の道の師匠はいませんが、以来、露木先生の言葉を借りて、名刺には「自然を聴いて心る」と記しています。

野菜を心《み》るとは、どういうことなのか。

それは、野菜の立場になって、野菜を感じるということです。

先日、とある雑誌の取材を受けたときのこと。写真家の方が私の畑を撮るためにやってきました。私の守っている地カボチャの写真を撮ろうとしたとき、その方が、まだ実になったばかりの小さな地カボチャを見つけ、いとおしそうに触れました。まだ赤ちゃんのようなできたての実をかわいいと愛《め》でる、そんなささいな行為だったかもしれません。

しかし、植物であるカボチャの立場になって考えてみると、大きな意味がありました。カボチャは種を残そうとまだ実をつけたばかりです。そうやって育っている真っ最中に、人間が実に触れると、カボチャは大事な種を人間に取られてしまうと危険を感じてしまうのです。すると、もうその実には養分をやらなくなってしまい、それ以上大きくさせることなく、その実を落としてしまいます。ひとつの実を犠牲にすることで、他の実を必死で守ろうとするわけです。

ある程度の大きさまで育てば触れることができるようになりますが、まだ実になって間もないときに触ってしまうと、そういった生存戦略をとるのです。

そういうふうに、カボチャの立場になって野菜を心《み》ていく。年月をかけ、いろいろな場面を通して野菜を感じることで、深く知っていくことが大切です。

たとえば、野菜の母本を選抜するときには、野菜を引き抜いたときに見える葉っぱの色やかたちなども瞬時に心《み》ながら、選んでいきます。おいしく感じられる姿を感覚的に見分け、残していくかどうかを判断するのです。このとき、植物の立場に立って心《み》ていく必要があります。

それは、なかなか簡単には見えない世界だと思います。時間をかけて育んできた野菜との関係性があればこそできることで、10年、20年、あるいは30年経って、やっと見えてくる世界かもしれません。それは、その生産者が守っている野菜に対してだけ見出せる特別なもの。人と作物がたがいに築き上げた深い関係性のなかで、ずっと接してきたからこそ見えてくる世界なんだと思います。

ひとりの農民ができること

2022年の2月、体調を崩してしまい、農作業が回らなくなってしまいました。前年の夏の干ばつで野菜の生育が全体的に遅れてしまい、いつもなら年内に冬野菜の種蒔《ま》きをはじめなくてはいけないところ、母本《ぼほん》選抜と種蒔きが2月に一気に重なってしまいました。

そのため想像以上に忙しくなって無理がたたり、身体を壊しました。それでもなんとか最低限のさやは収穫することができました。

春作の収穫と夏野菜の定植（苗床から畑に植えること）のふたつがかぶってしまうとき

がいちばん大変で、体力的にもきつくなります。そうなるとどうしても野菜の収穫が追いつきません。両立がほんとうに難しいのです。

忙しいときだけ人を雇うという選択肢もあるにはあります。大きな農家であれば、そうやって一時的にしのぐこともできるでしょう。でも、うちのように小さな農家はその時期だけ人を雇うことは非常に難しい。仮に雇えたとしてもせいぜい1週間前後の短期間で、しかもジャガイモやタマネギなど重労働なものばかり。他の農家も同じ状況ですから、人材を取り合うことになるのです。ですから、自分の動ける範囲で収穫作業や出荷量を調整しながら、なんとかやりくりするしかありません。

40年やってきた黒田五寸人参も、今年はもう定植はやめようかと諦めかけました。母本を選抜するところまではできたのですが、定植は体力的にきつかった。

しかし、長年ずっと続けてきたのに今年だけ休んでしまっては、種がつながっていかないと思い直し、1ヶ月ほど経って体調が整ってから、できる範囲で少しだけ植えることにしました。少量でも花を咲かせられればと。

多少時期外れではありましたが植えてみたところ、いつものようなニンジンの花ではなく、咲いたのはちょっと弱々しい花でした。それでもなんとか40年つないできた種を途切れることなくつなげられたことに安堵しました。その弱々しい花の姿もまた、今年の姿なのでしょう。

これ以上、私が育てる種の数は増やせませんし、死ぬまでこのまま同じ量、同じ数の野菜を育てつづけていくこともできません。人が種を守れる能力にも個人差はあるかと思いますが、それはつまりコップ一杯の水と同じです。コップの容量分にしか水は入りません。その人の能力（コップの大きさ）を超えてしまった途端にあふれてしまいます。コップから水がこぼれてしまわないように、ちょっと余裕があるくらいのつき合い方をしていくのが、長く続けていくためにもすごく大事なことなのです。

守る種の数が多い、少ないの問題ではなく、その人が人生をかけて種を守っていこうという姿勢が、それだけでじゅうぶんに価値のあることです。

長く続けていくためには、その人に向いた種を、可能な範囲で育てていけばいい。それが私にとっては50種が限界だったということです。もし50種以上になれば、結局いずれかの種を諦めることになるだろうと思います。ならば、50種の中で入れ替えながら、なんとかやってくしかない。

自分の種を守る能力を、まずはちゃんと見極めることが大事だと思います。たくさんの種を、自分の人生をかけてしっかり守りきることができるかどうか。ちゃんとつないでいくことがいちばん大事なわけですから、たったひとつでもいいと思うのです。

ひとりの農民人生のなかで、ひとつの在来種をつないでいくことだけでもすごいことだと思います。ひとりでひとつの種を、人生かけて守りきることができれば、その種は次の世代に確実につながっていきますから。

私が守ってきた50種も、雲仙《うんぜん》という地域のなかで次の世代、またその先の世代へと受け継がれていく在来種になってくれたら、と切に願っています。

人と作物の良い関係

これからの農業を担う方々には、植物に対して尊敬する気持ちをもって、人と作物との関係を築き上げながら、種を守っていってほしいと思います。

ご自分が飼っている犬や猫との関係を思い浮かべてみてください。言葉は話せないけれども、彼らとのあいだには特別な絆《きずな》や関係性が生まれます。愛しいという気持ちでもって、家族のように一緒に暮らしていく。それは野菜も同じだと思うのです。

ニンジンにしても大根にしても、自分が育てている野菜は、地面から引き抜くときむこうから進んで引き抜かれてくるような感覚があります。両手いっぱいに力を込めて引き抜くのではなくて、片手でもひょいとついてくる感じ。それは、犬や猫が戯《たわむ》れてじゃれるような、まさにそういう関係性が人と作物のなかにも生まれるのですね。

言葉はない世界ですが、感じることはできます。10年、20年と一緒に暮らすことによって、そういう関係性が野菜とのあいだにも生まれるのではないかと思うのです。

種はなんとかして自分の種《しゅ》を残していきたいと願っています。それをつないでくれる農民というのは、おそらく植物にとっても大切な存在なのではないでしょうか。もちろん、種に聞いてみないとわかりませんが、そうであってほしいという私の願いでもあります。

植物は農民に気に入られようとして、姿や味を変えていきます。私たち農民に気に入られなければ、種は消えていってしまうからです。野菜にしても、人においしく食べてもらうことで種を継いでいくのが第一の目的だろうと思います。長く種をつないでいくためには、人間と野菜の関係がより良くなっていかなければならないのです。

世話もされず放ったらかしにされてしまえば、野生化してしまいます。野生に近づければ近づくほど、自然界の野草や草木には到底かないませんから、在来種は自然と淘汰され、結局は消えていくことになる。おそらくは強い雑草と交配して残っていくのでしょうが、人の手で育てられてきた、人が食べるための野菜は、自然界ではそのままのかたちで生きていくことはできないのです。

農民がきちんと手をかけ目をかけて育てていかなければ、種は生き残っていけません。野菜の立場になれば、私たち農民の存在が必要です。一方で私たち農民もおいしい野菜が必要です。おたがいにバランスを保ちながら良い関係を築いていくこと。手抜きをせず、野菜を放ったらかしにもせず、野菜がおいしく変わっていくようサポートする。そういう関係性が理想なんだと思います。

ですから、農法よりもまず大切なのは、野菜に対しての想いの強さです。野菜を特別な想いでもって心《み》ながら育てていくこと。在来種の良さ、野菜のおいしさを引き出していくために、私たち生産者が作物との良好な関係をつくっていくこと。それがなによりも大切なことだと思います。

20種類以上もの野菜の種が集中して収穫を迎え、種をつける6月。農家が一年でもっとも忙しい時期ですが、そんななかでも種をあやし、種と戯れながら、野菜とじっくり向き合うとき、自然と共存しながらやれる農業とはほんとうに楽しいものだなと心の底から思うのです。

第5章

また、種を蒔く

種を１００年残すために

種を採るようになってから40年の月日が流れました。

ひとりの人間が継いでいけるのは、せいぜい50年目の種くらいまででしょう。80歳まで畑に出ることができたとして、あと10年……。種と永遠につき合うことはできないのです。長くても半世紀。そんな限られた時間で、種について何かしらの答えを出すのはとても難しいし、おこがましいと感じます。

しかし、次の人がまた40年、50年と守ってくれたら１００年の種にしていくことができる。私の想いを受けてつなげてくれる人は、そこにまた自分と種との関係を築き上げながら、これまで以上のものに育んでくれるでしょう。だからこそ、なんとしてでもつなげていくこと。私の役目はそこにあるんだろうと思っています。

この先いつまで農作業ができるか、私自身わかりません。ですが、70歳を過ぎたいまが、農民としてもっとも大事な時期なのではないかと近頃よく思うのです。なぜなら、農の世界とはこんなにも多様なのかと、40年を経た現在でも日々感じるからです。そして、それは20年目のときとも、30年目のときともちがいます。種を守ってきた時間の蓄積にあわせて、自然を見るまなざしや心で見る感性がより深まってきたように感じます。

ですから、ここからの10年のあいだに見えてくる風景とはいったいどんなものか、どんな世界が待ち受けているのか、自分でも楽しみなのです。次の世代に少しでも良いかたちで受け継いでもらうためにも、これまでの経験をできるだけ活かしながら種に向き合っていきたいですし、自分の身体とも相談し、規模を縮小するなり工夫して続けていければいいと思っています。

振り返ってみれば、40年前に父親から畑を譲り受けたときから、まっさらな状態で手探りしながら自分の信じた道を進んできました。余計なことは考えず、ひたすらに作物と向き合ってこられた。もし、技術的なことや経済的なことを優先して、それらに囚《とら》われていたら、野菜の花を美しいとは思えなかったでしょう。種をあやすという意識もてなかったかもしれません。野菜が伝えてくれていることに気づかず、たくさんのことを知らずにいたはずです。何もない状態ではじめたからこそ、どんなささいな変化も見落とすまいという気持ちで、野菜たちと向き合えたのかもしれません。

一般的な農の姿や経済性とは結びつかないことを数多くやってきたなと我ながら思います。種採りにしても、もし誰かがすでに見つけたやり方だったら、私もここまでのめり込んでいなかったかもしれません。種とまっすぐに向き合ってきたからこそ、いろんなことを感じとり、受け止めることができたように思います。そうでなければ、自分が感じている農の世界を言葉にしてみようとも思わなかったでしょう。

たとえ同じものを育てていても、農民によって見えている世界はまったくちがうものです。もちろん時代によっても変わります。私自身、昔といまではまるで別世界の農を経験しています。試行錯誤をかさね失敗をくり返し、種と対話していくなかでここまでたどり着くことができたのです。

教科書のようなものはありませんでした。雑木林に学び、種や野菜に教えられ、自分なりの農法を見つけ出してきました。

これからの私の役目は、自分が感じてきたものや見てきた農の世界を伝えていくことなんだろうと思っています。そして同時に、まだまだもっと知りたいし、学びたいのです。野菜はなかなかすんなりと教えてはくれませんが、そこがやっぱりいいんだよなとも思います。

食べてつないでいく

種を守るとは、どういうことか。

ひと言でいえば、特別な思いをこめて大好きな野菜を愛《め》で、大切にすることではないかと私は考えています。もちろん、農家としての生業《なりわい》を成り立たせることも重要です。そこがちゃんと立ちゆかないと、なかなか現実的に種を守っていくことはできないからです。

種はやっぱりいのちですから、生易しいものではありません。強い想いがなければ守っていくのは難しい。私の場合は、みずからの手で理想の黒田五寸人参をつくりたいという思いがきっかけでした。何かに没頭してのめり込む、そのまっすぐな気持ちが欠かせません。

種を守るということは、すなわち種と向き合う姿勢だと思うのです。種がもつ特性や、知られざるおいしさをいちばんに見抜けるのは、その種を長いあいだ守っている人かもしれません。ささやかに家庭菜園で自給していくにしても、私のような専業農家が種を守っていくにしてもそれは同じことです。そうやって多様なかたちで、それぞれの地域でもって守っていくのが理想なのではないかと思います。

では、農家として経済的にも続けていけるよう、自立できる基盤をつくるためにはどうすればいいのか――それがもうひとつの大きな課題です。きちんと種採りを実践しながら、いかにして経済を回せるか。

それにはやはり地元の人だけではなく多くの人を巻き込んでいく必要があると思います。いろいろな人たちが在来種に関心を寄せて、日常的な食のひとつとして食べて支えていくこと。それが農家の経済を守っていくことにもつながっていきます。

食べてくれる人がいて初めて、つくり手も農業を続けることができるのです。食べつづける人の存在があってこそ、おいしい野菜が生み出されていく。そうした関係が根底にあればこそ、農家も〝種を守る〟という強い気持ちを保つことができるでしょう。

在来種の野菜そのものや種を採るという生産現場について、まだまだ広くは知られていません。ならば、まず食の情報として、それをひとりでも多くの人に知ってもらうこと。それがすなわち食の選択肢を広げることにもなり、農家の経済を回すことにもなり、ひいては種を守りつづけることにつながっていきます。

なにごとも一朝一夕にはいかないでしょうが、少しずつでいいのです。そうすればだんだんと、より良いかたちで次の世代、またその先へと種をつなげていけるのではないかと私は期待をもっています。

農業という枠から外れたとしても

誰でもない自分が歩いてきた道ですが、農家として経営を保ちながら多くの種を守っていくのは、けっして楽なことではありません。

自分のやっていることが特殊であることは自覚しています。生業としての農業から外れてしまっているのではないかと、長年にわたって折に触れ痛いほど感じてきましたから。仮に後継者がいたとしても、自分のような苦労を受け継がせていいものか、また、受け入れてやってくれるものだろうかと不安を覚えたはずです。

農業経営のことを考えると、私がやってきたことをそのまま次の世代もやっていけるかは、かなり疑問です。ものすごく複雑で、ものすごく面倒で、ものすごく手間がかかる私のやり方は、ふつうの農業という枠から外れてしまっていると自分でもわかっているからです。自分ひとりだからなんとかやってこられましたが、どうやったら他の人にとってもこの農業が成り立つものか、と考えてしまいます。

もし、種に対する想いの強い生産者や若手の農家がいるならば、その人たちが自主的に取り組めるよう、できるかぎりサポートしたいと思っています。

やろうと思えば、私の真似は誰にでもできると思うのです。けれど、私が受け入れてきた大変な思いまで人にはさせられません。これまでの状況では、お金にならないこと、経済から外れたことをたくさんしなければ種を継いでいくことはできなかったからです。

しかし今後、在来種野菜でも農家の暮らしが成り立つような世の中に少しずつでも変わっていけば、あらたにやってみたいと考える若い人が増えてくるかもしれません。長崎に限らず、日本のあちこちでそうした生産者が育っていけば、それはとてもすばらしいことです。少数でもいいから、種採りを続けていってくれる信念をもった農家が現れるといいなと心から願っています。

私自身、なぜここまで続けてこられたかといえば、それまでの農業とはまったくちがった世界に大きな興味を感じて飛び込んだことが大きいと思います。

種を買って、種を蒔《ま》いて、作物を収穫して、売って経済にする。それが一般的な農業です。私もはじめた当初はそうでした。そこから一転して、もっと深く自然にかかわる農業へと舵《かじ》を切ったことで、在来種との出合いがありました。おかげで人と作物、人と種の関係から大切なことをたくさん学びました。それは一般的な農業にはない、まったく別世界の営みでした。

そのなかで感じるすばらしさ、大切さを自分の農業人生における指針にしてきました。つくり手の個性を表現できる場を得て、一農民としてのやりがいも大きく増しました。野菜や種がもたらしてくれる豊かさだけでなく、自分の中に芽生えた心の豊かさを感じられるのもまた農家という仕事です。もちろん生業としてやる以上、経済は必要不可欠なもので、きちんと考えなければなりませんが、経済面とはまたちがった豊かさを感じられる農は、なによりやっていて楽しいものです。文字どおり〝お金には代えられない〟ものだと思います。

いまの農業の世界は、単一作物、農地の大規模化による大量生産、機械化がどんどん進み、まさに効率重視の時代です。しかしその一方で、安全で環境に負荷をかけない持続可能な農業の先にこそ、豊かな食の姿があるように思います。効率と経済を最優先した世界にはない農本来の姿、農がもつ豊かさ、それに感動する心、そういったものに価値を置こうと考える農家を、これからの時代こそ若い人たちにめざしてほしいなというのが私の願いです。

そこにしかない食を求めて

いま雲仙《うんぜん》には県外から在来種野菜を求めてやってきた面白い人たちが暮らしています。オーガニック食材の直売所を千々石町《ちぢわまち》で営む奥津爾《おくつちかし》さんは、２０１３年に東京から一家で移住してきました。同じく東京でシェフをしていた原川慎一郎さんも、在来種野菜に惚れ込んで〈ＢＥＡＲＤ《ベアード》〉というレストランを２０２０年に温泉で有名な小浜町《おばままち》に開かれました。

以前から在来種に関心があったという奥津さんは、東京にいるときから種に関するさまざまな活動をされていて、雲仙では在来種野菜をはじめとするオーガニックの直売所

〈タネト〉を開き、生産地から都市部へと種に関する情報発信をおこなっています。

これまでにうちの畑を数えきれないほど訪れてくれていますが、彼の口をついて出てくる言葉は私にとってはいつも新鮮で、いまの時代ならではの価値感やそれをいかに伝えるかについて、学ぶことが多いと思っています。

40代とまだ若く、センスと行動力もあり、地域のなかで誰もやってこなかったことをやれる人です。東京でやってきた種の活動を雲仙に来てからも変わることなく信念をもって続けていることに、私はとても感銘を受けます。どんな仕事をしても能力を発揮される方だと思いますが、雲仙を選んでくれたことで、新たな方向性を導いていってくれることでしょう。

奥津さんも原川さんも移住してしばらく経ちますが、ひとつの種がその土地になじむのに時間がかかるように、じっくりと時間をかけながら雲仙に根を下ろしていってほしいと期待しています。

かつては私も東京や大阪といった都会へ出かけ、講演会などを通じて種の活動をしてきました。しかし、いまは人に種を渡すことよりも、まずは雲仙のなかでどう育んでいくかというふうに、自分の考えも変わってきました。どうやって雲仙の食として在来種を生かしていくか――これから雲仙の地ではじまるひとつの未来を一緒に考えていきたいのです。

奥津さんとの出会いを通して、もう一度、種がもつ力に触れ、あらためて種の運動に向き合うようになりました。彼の精力的な活動のおかげもあって、この数年は安心して地元にどっしりと腰をすえ、生産活動に励んでいられます。

人に伝えることと野菜をつくること、私にとってはどちらも大事ですが、ひとつしかない身体で両方をやるのは大変です。「伝える」役割を十二分に担ってくれている奥津さんは、ですからほんとうに心強い存在です。

そもそも農家は何かを広く伝えることが得意なわけではありません。それが、都会の方たちの発想力や発信力によってみるみる広がっていく。自分ひとりでは考えもしなかったアイデアが芽生えて、地域からどんどん大きな波が生まれています。しかも、それが地元・雲仙からなされているというのは、私にとって、かつてなかったとても贅沢なことに感じられます。

種の未来を考えるとき、正直にいうと、これまで道はかなり厳しそうだと思っていました。ではそのために、具体的にどういったことを推し進めていけばいいのかと自分なりに考えてみるのですが、畑に立つことが本業である私だけでは限界がありました。

　種が広く長くつながっていくには、やはり在来種の野菜が食材として評価されなければ難しいでしょう。ですから、次の世代につなげていくためにも、まずはおいしいと思ってもらえるような野菜を育てていくことが私たち農民にとって、なによりもやるべきことなのです。ひとりでできることには限りがありますから、もっとも自分の力を発揮できることに集中して、基本に立ち返る必要があるなと気づかされました。

　原川さんのように畑に何度も足を運び、真摯《しんし》な思いで一株の野菜に向き合ってくれる料理人もいれば、奥津さんのように種を守っていくことを流通から考えてくれる人もいる。そして、食べてくれる消費者の姿も少しずつ増えてきています。

　農に直接携わる人だけに留まらないそうした広がりは、私の力だけではけっして生み出せなかったものです。ここでもまた、種がもつ力、そのすごさと可能性をあらためて感じさせられました。

　農家と一緒になって種の未来を真剣に考えてくれる仲間がこのように増えたことは、40年前のことを思うと、私にとってほんとうに奇跡みたいな出来事です。

　在来種にしか表現できないおいしさや物語、その魅力をどう伝えていくか。料理人が

その土地でしか味わえない料理をつくることもそうでしょうし、在来種野菜をまだ知らない消費者に認知してもらえるようイベントなどを開催することもそうでしょう。

野菜だけではなく、雑穀やお米、畜産の分野でも同じ志《こころざし》をもった生産者が増えていけば、もっと食が豊かに広がっていくはずです。そこに食の未来があるし、地域の未来がある。今後もさまざまな人たちと助け合い、在来種がさらに発展していく姿を夢見ながら、理想の農につながる挑戦を続けていければと思っています。

多様な在来種ゆえの野菜のおいしさを、少しでも多くの人たちに愛してもらえたら、一つひとつがその地域の食や文化をいろどる存在になれるはずです。そうすれば、種もまたしぜんと長く残っていくものになることでしょう。

地域のひとつのモデルとして

種や野菜と同じくらい、地域を多様性のある場所につくり上げていくこともまた大切なことだと考えています。その意味では、在来種など多様な品種が育つ地域こそ、豊かな食の拠点になれるのではないでしょうか。

農家だけではけっしてできないことも、多様な人が集まることで可能になる。種の多様性を守りながら、食の多様性も広がっていく。すると、地域に眠る豊かさが掘り起こされ、人の流れも大きく変わっていく――種をきっかけとして、こんなふうに輪が広がっていけば、すばらしいなと思います。

さまざまなジャンルで経験を重ねた人たちが知恵を出し合って在来種の未来を考えていく。実際、そんな場面が雲仙でも増えてきました。ほんとうに頼もしいことです。

また、地域の食文化として在来種を残していくためにも、地元だけでなく、都会の人にも知ってもらうように働きかけ、たとえ遠くからでも食べて支えてもらうことがどうしたら叶うだろうか。そんなこともよく考えます。一度、在来種を食べてもらえたら、きっとわかってもらえると思うからです。

たとえば、在来種野菜のおいしさを知ってもらうためには、その土地へ足を運んで採れたてを食べてもらうのもひとつの方法です。旅館やホテル、レストランなどと一緒になって、地域全体を盛り上げていくことも可能かもしれません。味覚を通した旅の経験というのは、人の心に強く刻まれるものです。きっと、そこからまた広がっていく輪もあることでしょう。

日本の各地域にある在来種が、そこに行かないと食べられない、行ってでも食べたいと思われる特別な存在になっていけば、その地域だけの新しい価値、つまり宝物になります。現在はどこにいても何でも買えてしまう時代ですが、だからこそ、他では手に入らないものに価値が生まれるのでは、と思うのです。

たとえば、料理人が地域の農家を訪ね、畑の土に触れ、野菜をつまみながら言葉を交わし、そこで得た直感を皿の上に表現していく。生産者のさまざまな想いを汲《く》み取った料理人ならきっと、その野菜の魅力を最大限に引き出してくれるはずです。そんなふうに生き生きとした〝畑を食べる〟感覚から生み出される料理は、ひと味もふた味もちがったものになることでしょう。

在来種を守るとは、畑で育てることだけを指すわけではありません。何度も言いますが、食べてもらうことがなによりも大事なのです。在来種特有の個性豊かな味わいを存分に感じてもらうためにも、料理人の方々の力を借りられたらありがたいことだと思います。

料理人には料理人の、農家には農家の仕事があり、それぞれに果たすべき役割があります。私は農民として種をあやし、野菜と暮らしながら感じたことを今後も畑で表現していきたいと思います。

種からはじまる

私がここまで活動してこられたのも、種が導いてくれたからこそと思っています。その恩に報いるためにも、放っておけばしだいに消えゆく運命にある種の力を、みなさんと一緒に今後も開いていきたいと思います。その道の先で、雲仙の地から日本全国に向けて、あるいはもっと広く世界に向けて、種を中心に据えた農の世界のありようを伝えていけたらこんなにすばらしいことはありません。

私が試行錯誤してきた40年を踏み台にしていってほしいのです。種を守るという使命感だけではけっして続いていきません。ですが、人が守ってきた種にはストーリーがありますから、守りがいがあるし、やりがいを感じられるはずです。

雲仙に畑をもち、折々に話をしている若い田中さんのように、私の種や想いを受け継いでくれる生産者が、できればこの地域でもっと育っていってほしいと願っています。そして、ゆくゆくは彼らが日本全国にいるであろう種に興味のある農家にとっての指針になっていければいい。そうやって未来へと続く長い道を、世代を超えたみんなでつくっていけたらうれしく思います。

これまで種の未来について、いまほど真剣に考えることはありませんでした。なぜかといえば、私が試行錯誤してきたことも、すべては自分の代で終わってしまって、長年守ってきた種もどこか遠くの誰かに渡してそれで終わりになるんだろうなと、どこかでずっと思っていたからです。地元の畑で、私の種を誰かが受け継いでくれることなんてないだろうと半ば諦めていました。

けれど、いまでは次の夢をもって前を向くことができるようになりました。

最近、「種の未来」という言葉にとても惹かれています。未来というのは、在来種の種にこそあたえられるもので、種苗《しゅびょう》会社で売っているF1種《エフワンしゅ》やジーンバンクで保存されている種ではないような気がしています。

種の未来をみんなと一緒に考えていきたいですし、きっとこれからは、種がもっと陽の目を見る機会にも立ち会えることでしょう。そう考えるだけで農民としてとてもありがたく、続けてきてよかったとつくづく感じます。

この先にある種の未来は、もっと素敵なものにきっと変えていける。私で終わりじゃない。種は無限だし、農も終わりはありません。ですから、いろいろな方法で広がっていけるし、世界にも発展していく可能性がある。

種を継いでいく人がいるかぎり、種が消えることはないのです。

次世代へのバトン

人々が長い時間をかけてつないできたからこそ、種には固有の価値があります。人の手で一つひとつ、受け継いできたわけです。Ｆ１種にはないこうした農のあり方を知って、ほんとうに種を大切に思う人がさまざまな土地で現れてくれたら……。

種が絶えないようにつないでいってくれるなら、一地域の中だけに限らず、種を植える場所はどこでもいいと思っています。日本だけじゃなく、世界のどこかでもかまいません。種を通して農のすばらしい姿を表現していける人がいるならば、地域の垣根を越えていってほしい。

たとえ、私の生きているうちには叶わなくても、のちに続く世代、また次の世代へ託すことで、種は各地で広く続いていくことでしょう。

これまで、テクノロジーが進めば進むほど、種を取り巻く環境は効率と経済にさらされ、追い詰められてきました。

しかし、いまでは少しずつ前向きに考えられる時代になってきたように感じます。農業がハイテク化していけばいくほど、自然に根ざした農業も同時に評価されて発展していくと思うのです。それは農業の世界だけではありません。日本らしい伝統的なものはなくなりませんし、そうであってほしいと思います。在来種は時代を問わず、食べる人たちの心に訴える力をもっていると私は信じています。

私が40年前にはじめた当時は、一度消え去ってしまった種を取り戻すことから手をつけなければなりませんでした。しかし、これからは現在あるものをていねいに継いでいく時代です。科学の進歩と同時に、自然との共生も大事だという認識が社会にも広まっていくのではないでしょうか。両方がバランスよく、時代に合わせて共存していくことが理想的だと思います。

おそらく世の中では、いま種が直面している危機を知らない人が大半でしょう。人類の生存に切っても切り離せない大事な作物の根幹ともいえる種。それこそ、持続可能な自然の営みです。それが危機的な状況にあるということをまず知ってもらうこと。そうすればもっとみんな目を向けてくれるはずですし、現実を直視して、そこからはじめていかなければなりません。

長いようで短かったこの40年間を通じて、在来種の世界から私は大切なものをたくさんもらいました。農法を追い求めてきたつもりでしたが、その出発点は種にあったのです。

言ってみれば〝野菜の一生〟とともに過ごした人生でもありました。

種を採る、植える、野菜を育てる。花が咲いて、みんなで種をあやして、また種を採る――どの場面にも種の存在があります。そうした野菜の一生は、毎年一度として同じものはなく、どんな野菜でも語らずにはいられないストーリーを内に秘めていました。

どういう場面で野菜を感じながら、何を心《み》るのか。また、野菜本来の姿とは何なのかを、生産者は日々畑で学びます。５年、10年、20年、30年と年月を重ねるにつれて知見は豊かになり、作物を愛でる心はいっそう満たされ、種との関係はますます深まっていく。それまで見えなかった思わぬ世界が、種を通してしぜんと見えてくるのです。

誰も見向きもしなかった農を自分だけがやっていることが内心恥ずかしく、時代遅れのように感じたことも数えきれません。けれど、一途に種のことを考え、何十年とつないできたなかで、野菜だけでなく自分の心もすごく豊かになれるのだと知ることができました。

そして、食べた人に喜んでもらえることで、たったひとりでも続けてきたことは間違いではなかったんだと勇気をもらいました。消費者の存在は、種をつないでいくのに絶対欠かせない大切な条件だと断言できます。

在来種の良さは何かと聞かれたら、種が種として、毎年その土地の記憶を刻んだ遺伝子を残していけること、そう答えるでしょう。

発展を続けるF1種の陰で見向きもされず、けれど誰かが堅実に守ってきた在来種の野菜たち。そんな生命力豊かな野菜を通して、私たち生産者の想いを食べる人たちに伝えられたら、ほんとうにうれしいことですね。誰かの心の中に感動を呼び起こすことができる、そんな野菜が雲仙だけでなく日本各地で次々と生まれてきたら、ひとりの生産者としてこれ以上の喜びはありません。

魅力あふれる野菜たちに導かれ、ここまでやってきました。

みずからの「生」を生きようと根を張り、葉をつけ、花を咲かせ、種を結ぶ、そんなすてきな表現を続ける在来種たち。時を超えて、次の出番をひっそりと待っている多くの種もいることでしょう。そんな種との出合いを楽しみに、今日もそして明日も、いつもどおり変わることなく畑に立ちたいと思います。

おわりに

生産者と消費者、流通にかかわる八百屋や直売所に料理人まで……さまざまな人に在来種野菜を取り巻く現状を知ってもらえたらと思い、この本を書きました。

自分の経験をこういうかたちで語るのは初めての試みです。ひとりの農民が40年間種とつき合うなかで見てきた世界を、うまく言葉で表現できたかどうかはわかりませんが、できるだけ多くの人に伝わればと願っています。

つくづく思うのですが、種を採ることはけっして特別なことでなく、かつて農の世界ではあたり前のことでした。種の名前は残っていても、それらを大切につないできた人々の名前はあまり残っていません。それくらい、ごくふつうの営みだったのです。

昔から変わらずに続いてきたこのような農の姿を言葉で表現することは、いまでなかったように思います。人と作物の関係性や、そこから生まれるすばらしい農の世界を世の大半の人が知らないのも、無理もないことなのです。

そんな思いから、ささいなことでも自分が見て感じたことや大切だと感じたことを言葉でどう表現するか、どう言葉に残せばよいのか、と考えるようになっていきました。

自分が畑で見ている世界に合う言葉を見つけることはいちばん難しい作業で、私にとっての農法とは言葉探しなのだとあらめて思いました。

これまで種にかかわってきた人、あるいは、これからかかわろうとする農家の方には、私が歩んできた道のりをわずかなりとも知ってもらえたら、またちがう視点から種をとらえる機会になるかもしれません。私と同じことをゼロからくり返す必要はありません。私の経験した失敗や発見を土台にして、種の未来をあらたに切り拓《ひら》いていってほしいのです。諦めないでほしいと思います。

そしてもうひとつ。生産者が種を守っていくことと同じくらい、消費者の方々、在来種野菜を食べてくれる人たちの存在はものすごく大切です。農家が種を守るだけでは、ほんとうの意味で種は生きていけません。

種は蒔《ま》かれなければ意味がないように、採れた作物を食べる人がいなければ、あらたに種を蒔くこともできないからです。

「この在来種、おいしいね」

たったそのひと言が農家の支えになります。

心を込めて身体を動かす農家一人ひとりの励みになって、いくつもの種がつながっていく。そうやって先人たちが残してくれた種のいのちは続いてきたのです。

生産者だけではなく、食べる側の人たちにこそ、こういう農の世界があるということを知ってほしいと願っています。これからも「おいしい」と言ってもらえるように味を追求していきたいですし、種を通して人生を豊かにしてくれる、さまざまな人たちとつながっていけたらと思っています。

岩崎政利

岩﨑政利

Masatoshi Iwasaki

1950年長崎県雲仙市生まれ。諫早農業高校卒業後、69年に同市吾妻町で家業を継ぎ就農。80年代から有機農業を営むなかで在来種野菜の自家採種をはじめる。毎年約80品種の野菜を育て、50種近くの種を採る。日本各地に点在するさまざまな在来種の種を託され、消えゆく種を継いでいく営みを40年にわたり続けている。

NPO法人「日本有機農業研究会」幹事として種苗部会を担当。「雲仙市有機農業推進ネットワーク」「雲仙市伝統野菜を守り育む会」では代表を務める。2019年よりオーガニックベースが展開する「雲仙たねの学校」で講師を務め、「種市」「種を蒔くデザイン展」等に登壇、種について伝える活動をおこなう。22年、長年の種採りへの取り組みが評価され黄綬褒章を受章。著書に『岩崎さんちの種子採り家庭菜園』（家の光協会）、『つくる、たべる、昔野菜』（共著、新潮社）がある。

種《たね》をあやす
在来種野菜《ざいらいしゅやさい》と暮《く》らした40年《ねん》のことば

2023年5月4日　第1版第1刷　発行

著　者　岩﨑政利
発行者　株式会社亜紀書房
〒101-0051　東京都千代田区神田神保町 1-32
電話　03-5280-0261（代表）
　　　03-5280-0269（編集）
https://www.akishobo.com

装丁・装画　鈴木千佳子
構成　藪下佳代
撮影　繁延あづさ（P.125除く）
DTP　山口良二
印刷・製本　株式会社トライ
https://www.try-sky.com

Printed in Japan　ISBN978-4-7505-1763-6 C0095